最新法律文件解读丛书

刑事法律文件解读

XINGSHI FALÜ WENJIAN JIEDU

人民法院出版社 编

总第231辑 2024.09

人民法院出版社

图书在版编目（CIP）数据

刑事法律文件解读. 总第231辑 / 人民法院出版社编. 北京 : 人民法院出版社, 2025. 1. --（最新法律文件解读丛书）. -- ISBN 978-7-5109-4342-3

Ⅰ. D924.05; D925.205

中国国家版本馆CIP数据核字第2024WW4662号

刑事法律文件解读 · 总第 231 辑

人民法院出版社　编

责任编辑　杨晓燕
执行编辑　周　敏
出版发行　人民法院出版社
地　　址　北京市东城区东交民巷 27 号　邮编　100745
电　　话　（010）67550562（责任编辑）　67550558（发行部查询）
　　　　　　65223677（读者服务部）
客服 QQ　2092078039
网　　址　http：//www. courtbook. com. cn
E - mail　courtbook@ sina. com
印　　刷　三河市国英印务有限公司
经　　销　新华书店
开　　本　787 毫米×1092 毫米　1/16
字　　数　115 千字
印　　张　8
版　　次　2025 年 1 月第 1 版　　2025 年 1 月第 1 次印刷
书　　号　ISBN 978-7-5109-4342-3
定　　价　28.00 元

卷首语

2024年11月8日，国家主席习近平签署第38号主席令，公布了第十四届全国人大常委会第十二次会议修订通过的反洗钱法，自2025年1月1日起施行。反洗钱法的修订颁布，是健全反洗钱监管制度、完善现代金融监管体系的重要举措，为切实维护经济金融秩序和国家安全提供了坚强法治保障。本辑重点收录了反洗钱法的审议结果和修改意见，为读者呈现完整的修法过程。

同时，本辑也专门收录了《最高人民法院、最高人民检察院关于办理拒不执行判决、裁定刑事案件适用法律若干问题的解释》（以下简称《解释》）的解读文章，梳理了《解释》的制定背景、主要原则、主要内容以及贯彻实施的要求，以便于刑事办案人员在司法实践中学习与适用。

在“指导案例、典型案例与解读”栏目里本辑收录了《依法严惩危害食用农产品安全犯罪典型案例》及其答记者问，最高人民法院、最高人民检察院相关部门负责人详细介绍了依法惩治危害食用农产品安全犯罪的有力举措和取得的成效，供相关领域工作人员在办理类似案件时借鉴参考。

此外，“新类型疑难案例选评”栏目收录了《周某危险作业案》，文中指出跨区域并改变经营方式经营危险化学品的行为不构成非法经营罪，供读者交流学习。

最新法律文件解读丛书
编　辑　部

兰丽专　（010）67550626

丁丽娜　（010）67550608

周　敏　（010）67550562

杨　洁　（010）67550656

路建华　（010）67550682

丁塞峨　（010）67550656

投稿邮箱：

《刑事法律文件解读》　xingshijiedu@163.com

《民事法律文件解读》　1216921515@qq.com

《商事法律文件解读》　shangshijiedu@126.com

《行政与执行法律文件解读》　1290312696@qq.com

目录

法律、法律性文件与解读

司法解释、司法指导性文件与解读

指导案例、典型案例与解读

法答网精选答问

司法实务问题研究

新类型疑难案例选评

法律、法律性文件与解读

中华人民共和国反洗钱法

(2006 年 10 月 31 日第十届全国人民代表大会常务委员会第二十四次会议通过　2024 年 11 月 8 日第十四届全国人民代表大会常务委员会第十二次会议修订通过　2024 年 11 月 8 日中华人民共和国主席令第三十八号公布　自 2025 年 1 月 1 日起施行)

目　　录

第一章　总　　则

第一条　为了预防洗钱活动，遏制洗钱以及相关犯罪，加强和规范反洗钱工作，维护金融秩序、社会公共利益和国家安全，根据宪法，制定本法。

第二条　本法所称反洗钱，是指为了预防通过各种方式掩饰、隐瞒毒品犯罪、黑社会性质的组织犯罪、恐怖活动犯罪、走私犯罪、贪污贿赂犯罪、破坏金融管理秩序犯罪、金融诈骗犯罪和其他犯罪所得及其收益的来源、性质的洗钱活动，依照本法规定采取相关措施的行为。

预防恐怖主义融资活动适用本法；其他法律另有规定的，适用其规定。

第三条　反洗钱工作应当贯彻落实党和国家路线方针政策、决策部署，坚持总体国家安全观，完善监督管理体制机制，健全风险防控体系。

第四条　反洗钱工作应当依法进行，确保反洗钱措施与洗钱风险相适应，保障正常金融服务和资金流转顺利进行，维护单位和个人的合法权益。

第五条　国务院反洗钱行政主管部门负责全国的反洗钱监督管理工作。国务院有关部门在各自的职责范围内履行反洗钱监督管理职责。

国务院反洗钱行政主管部门、国务院有关部门、监察机关和司法机关在反洗钱工作中应当相互配合。

第六条　在中华人民共和国境内（以下简称境内）设立的金融机构和依照本法规定应当履行反洗钱义务的特定非金融机构，应当依法采取预防、监控措施，建立健全反洗钱内部控制制度，履行客户尽职调查、客户身份资料和交易记录保存、大额交易和可疑交易报告、反洗钱特别预防措施等反洗钱义务。

第七条　对依法履行反洗钱职责或者义务获得的客户身份资料和交易信息、反洗钱调查信息等反洗钱信息，应当予以保密；非依法律规定，不得向任何单位和个人提供。

反洗钱行政主管部门和其他依法负有反洗钱监督管理职责的部门履行反洗钱职责获得的客户身份资料和交易信息，只能用于反洗钱监督管理和行政调查工作。

司法机关依照本法获得的客户身份资料和交易信息，只能用于反洗钱相关刑事诉讼。

国家有关机关使用反洗钱信息应当依法保护国家秘密、商业秘密和个人隐私、个人信息。

第八条 履行反洗钱义务的机构及其工作人员依法开展提交大额交易和可疑交易报告等工作，受法律保护。

第九条 反洗钱行政主管部门会同国家有关机关通过多种形式开展反洗钱宣传教育活动，向社会公众宣传洗钱活动的违法性、危害性及其表现形式等，增强社会公众对洗钱活动的防范意识和识别能力。

第十条 任何单位和个人不得从事洗钱活动或者为洗钱活动提供便利，并应当配合金融机构和特定非金融机构依法开展的客户尽职调查。

第十一条 任何单位和个人发现洗钱活动，有权向反洗钱行政主管部门、公安机关或者其他有关国家机关举报。接受举报的机关应当对举报人和举报内容保密。

对在反洗钱工作中做出突出贡献的单位和个人，按照国家有关规定给予表彰和奖励。

第十二条 在中华人民共和国境外（以下简称境外）的洗钱和恐怖主义融资活动，危害中华人民共和国主权和安全，侵犯中华人民共和国公民、法人和其他组织合法权益，或者扰乱境内金融秩序的，依照本法以及相关法律规定处理并追究法律责任。

第二章 反洗钱监督管理

第十三条 国务院反洗钱行政主管部门组织、协调全国的反洗钱工作，负责反洗钱的资金监测，制定或者会同国务院有关金融管理部门制定金融机构反洗钱管理规定，监督检查金融机构履行反洗钱义务的情况，在职责范围内调查可疑交易活动，履行法律和国务院规定的有关反洗钱的其他职责。

国务院反洗钱行政主管部门的派出机构在国务院反洗钱行政主管部门的授权范围内，对金融机构履行反洗钱义务的情况进行监督检查。

第十四条 国务院有关金融管理部门参与制定所监督管理的金融机构反洗钱管理规定，履行法律和国务院规定的有关反洗钱的其他职责。

有关金融管理部门应当在金融机构市场准入中落实反洗钱审查要求，在监督管理工作中发现金融机构违反反洗钱规定的，应当将线索移送反洗钱行政主管部门，并配合其进行处理。

第十五条 国务院有关特定非金融机构主管部门制定或者国务院反洗钱行政主管部门会同其制定特定非金融机构反洗钱管理规定。

有关特定非金融机构主管部门监督检查特定非金融机构履行反洗钱义务的情况，处理反洗钱行政主管部门提出的反洗钱监督管理建议，履行法律和国务院规定的有关反洗钱的其他职责。有关特定非金融机构主管部门根据需要，可以请求反洗钱行政主管部门协助其监督检查。

第十六条 国务院反洗钱行政主管部门设立反洗钱监测分析机构。反洗钱监测分析机构开展反洗钱资金监测，负责接收、分析大额交易和可疑交易报告，移送分析结果，并按照规定向国务院反洗钱行政主管部门报告工作情况，履行国务院反洗钱行政主管部门规定的其他职责。

反洗钱监测分析机构根据依法履行职责的需要，可以要求履行反洗钱义务的机构提供与大额交易和可疑交易相关的补充信息。

反洗钱监测分析机构应当健全监测分析体系，根据洗钱风险状况有针对性地开展监测分析工作，按照规定向履行反洗钱义务的机构反馈可疑交易报告使用情况，不断提高监测分析水平。

第十七条 国务院反洗钱行政主管部门为履行反洗钱职责，可以从国家有关机关获取所必需的信息，国家有关机关应当依法提供。

国务院反洗钱行政主管部门应当向国家有关机关定期通报反洗钱工作情况，依法向履行与反洗钱相关的监督管理、行政调查、监察调查、刑事诉讼等职责的国家有关机关提供所必需的反洗钱信息。

第十八条 出入境人员携带的现金、无记名支付凭证等超过规定金额的，应当按照规定向海关申报。海关发现个人出入境携带的现金、无记名支付凭证等超过规定金额的，应当及时向反洗钱行政主管部门通报。

前款规定的申报范围、金额标准以及通报机制等，由国务院反洗钱行政主管部门、国务院外汇管理部门按照职责分工会同海关总署规定。

第十九条 国务院反洗钱行政主管部门会同国务院有关部门建立法人、非法人组织受益所有人信息管理制度。

法人、非法人组织应当保存并及时更新受益所有人信息，按照规定向登记机关如实提交并及时更新受益所有人信息。反洗钱行政主管部门、登记机关按照规定管理受益所有人信息。

反洗钱行政主管部门、国家有关机关为履行职责需要，可以依法使用受益所有人信息。金融机构和特定非金融机构在履行反洗钱义务时依法查询核对受益所有人信息；发现受益所有人信息错误、不一致或者不完整的，应当按照规定进行反馈。使用受益所有人信息应当依法保护信息安全。

本法所称法人、非法人组织的受益所有人，是指最终拥有或者实际控制法人、非法人组织，或者享有法人、非法人组织最终收益的自然人。具体认定标准由国务院反洗钱行政主管部门会同国务院有关部门制定。

第二十条 反洗钱行政主管部门和其他依法负有反洗钱监督管理职责的部门发现涉嫌洗钱以及相关违法犯罪的交易活动，应当将线索和相关证据材料移送有管辖权的机关处理。接受移送的机关应当按照有关规定反馈处理结果。

第二十一条 反洗钱行政主管部门为依法履行监督管理职责，可以要求金融机构报送履行反洗钱义务情况，对金融机构实施风险监测、评估，并就金融机构执行本法以及相关管理规定的情况进行评价。必要时可以按照规定约谈金融机构的董事、监事、高级管理人员以及反洗钱工作直接负责人，要求其就有关事项说明情况；对金融机构履行反洗钱义务存在的问题进行提示。

第二十二条 反洗钱行政主管部门进行监督检查时，可以采取下列措施：

（一）进入金融机构进行检查；

（二）询问金融机构的工作人员，要求其对有关被检查事项作出说明；

（三）查阅、复制金融机构与被检查事项有关的文件、资料，对可能被转移、隐匿或者毁损的文件、资料予以封存；

（四）检查金融机构的计算机网络与信息系统，调取、保存金融机构的计算机网络与信息系统中的有关数据、信息。

进行前款规定的监督检查，应当经国务院反洗钱行政主管部门或者其设区的市级以上派出机构负责人批准。检查人员不得少于二人，并应当出示执法证件和检查通知书；检查人员少于二人或者未出示执法证件和检查通知书的，金融机构有权拒绝接受检查。

第二十三条 国务院反洗钱行政主管部门会同国家有关机关评估国家、行业面临的洗钱风险，发布洗钱风险指引，加强对履行反洗钱义务的机构指导，支持和鼓励反洗钱领域技术创新，及时监测与新领域、新业态相关的新型洗钱风险，根据洗钱风险状况优化资源配置，完善监督管理措施。

第二十四条 对存在严重洗钱风险的国家或者地区，国务院反洗钱行政主管部门可以在征求国家有关机关意见的基础上，经国务院批准，将其列为洗钱高风险国家或者地区，并采取相应措施。

第二十五条 履行反洗钱义务的机构可以依法成立反洗钱自律组织。反洗钱自律组织与相关行业自律组织协同开展反洗钱领域的自律管理。

反洗钱自律组织接受国务院反洗钱行政主管部门的指导。

第二十六条 提供反洗钱咨询、技术、专业能力评价等服务的机构及其工作人员，应当勤勉尽责、恪尽职守地提供服务；对于因提供服务获得的数据、信息，应当依法妥善处理，确保数据、信息安全。

国务院反洗钱行政主管部门应当加强对上述机构开展反洗钱有关服务工作的指导。

第三章 反洗钱义务

第二十七条 金融机构应当依照本法规定建立健全反洗钱内部控制制度，设立专门机构或者指定内设机构牵头负责反洗钱工作，根据经营规模和洗钱风险状况配备相应的人员，按照要求开展反洗钱培训和宣传。

金融机构应当定期评估洗钱风险状况并制定相应的风险管理制度和流程，根据需要建立相关信息系统。

金融机构应当通过内部审计或者社会审计等方式，监督反洗钱内部控制制度的有效实施。

金融机构的负责人对反洗钱内部控制制度的有效实施负责。

第二十八条 金融机构应当按照规定建立客户尽职调查制度。

金融机构不得为身份不明的客户提供服务或者与其进行交易，不得为客户开立匿名账户或者假名账户，不得为冒用他人身份的客户开立账户。

第二十九条 有下列情形之一的，金融机构应当开展客户尽职调查：

（一）与客户建立业务关系或者为客户提供规定金额以上的一次性金融服务；

（二）有合理理由怀疑客户及其交易涉嫌洗钱活动；

（三）对先前获得的客户身份资料的真实性、有效性、完整性存在疑问。

客户尽职调查包括识别并采取合理措施核实客户及其受益所有人身份，了解客户建立业务关系和交易的目的，涉及较高洗钱风险的，还应当了解相关资金来源和用途。

金融机构开展客户尽职调查，应当根据客户特征和交易活动的性质、风险状况进行，对于涉及较低洗钱风险的，金融机构应当根据情况简化客户尽职调查。

第三十条　在业务关系存续期间，金融机构应当持续关注并评估客户整体状况及交易情况，了解客户的洗钱风险。发现客户进行的交易与金融机构所掌握的客户身份、风险状况等不符的，应当进一步核实客户及其交易有关情况；对存在洗钱高风险情形的，必要时可以采取限制交易方式、金额或者频次，限制业务类型，拒绝办理业务，终止业务关系等洗钱风险管理措施。

金融机构采取洗钱风险管理措施，应当在其业务权限范围内按照有关管理规定的要求和程序进行，平衡好管理洗钱风险与优化金融服务的关系，不得采取与洗钱风险状况明显不相匹配的措施，保障与客户依法享有的医疗、社会保障、公用事业服务等相关的基本的、必需的金融服务。

第三十一条　客户由他人代理办理业务的，金融机构应当按照规定核实代理关系，识别并核实代理人的身份。

金融机构与客户订立人身保险、信托等合同，合同的受益人不是客户本人的，金融机构应当识别并核实受益人的身份。

第三十二条　金融机构依托第三方开展客户尽职调查的，应当评估第三方的风险状况及其履行反洗钱义务的能力。第三方具有较高风险情形或者不具备履行反洗钱义务能力的，金融机构不得依托其开展客户尽职调查。

金融机构应当确保第三方已经采取符合本法要求的客户尽职调查措施。第三方未采取符合本法要求的客户尽职调查措施的，由该金融机构承担未履行客户尽职调查义务的法律责任。

第三方应当向金融机构提供必要的客户尽职调查信息，并配合金融机构持续开展客户尽职调查。

第三十三条 金融机构进行客户尽职调查，可以通过反洗钱行政主管部门以及公安、市场监督管理、民政、税务、移民管理、电信管理等部门依法核实客户身份等有关信息，相关部门应当依法予以支持。

国务院反洗钱行政主管部门应当协调推动相关部门为金融机构开展客户尽职调查提供必要的便利。

第三十四条 金融机构应当按照规定建立客户身份资料和交易记录保存制度。

在业务关系存续期间，客户身份信息发生变更的，应当及时更新。

客户身份资料在业务关系结束后、客户交易信息在交易结束后，应当至少保存十年。

金融机构解散、被撤销或者被宣告破产时，应当将客户身份资料和客户交易信息移交国务院有关部门指定的机构。

第三十五条 金融机构应当按照规定执行大额交易报告制度，客户单笔交易或者在一定期限内的累计交易超过规定金额的，应当及时向反洗钱监测分析机构报告。

金融机构应当按照规定执行可疑交易报告制度，制定并不断优化监测标准，有效识别、分析可疑交易活动，及时向反洗钱监测分析机构提交可疑交易报告；提交可疑交易报告的情况应当保密。

第三十六条 金融机构应当在反洗钱行政主管部门的指导下，关注、评估运用新技术、新产品、新业务等带来的洗钱风险，根据情形采取相应措施，降低洗钱风险。

第三十七条 在境内外设有分支机构或者控股其他金融机构的金融机构，以及金融控股公司，应当在总部或者集团层面统筹安排反洗钱工作。为履行反洗钱义务在公司内部、集团成员之间共享必要的反洗钱信息的，应当明确信息共享机制和程序。共享反洗钱信息，应当符合有关信息保护的法律规定，并确保相关信息不被用于反洗钱和反恐怖主义融资以外的用途。

第三十八条 与金融机构存在业务关系的单位和个人应当配合金融机构的客户尽职调查，提供真实有效的身份证件或者其他身份证明文件，准确、完整填报身份信息，如实提供与交易和资金相关的资料。

单位和个人拒不配合金融机构依照本法采取的合理的客户尽职调查措施的，金融机构按照规定的程序，可以采取限制或者拒绝办理业务、终止业务关系等洗钱风险管理措施，并根据情况提交可疑交易报告。

第三十九条 单位和个人对金融机构采取洗钱风险管理措施有异议的，可以向金融机构提出。金融机构应当在十五日内进行处理，并将结果答复当事人；涉及客户基本的、必需的金融服务的，应当及时处理并答复当事人。相关单位和个人逾期未收到答复，或者对处理结果不满意的，可以向反洗钱行政主管部门投诉。

前款规定的单位和个人对金融机构采取洗钱风险管理措施有异议的，也可以依法直接向人民法院提起诉讼。

第四十条 任何单位和个人应当按照国家有关机关要求对下列名单所列对象采取反洗钱特别预防措施：

（一）国家反恐怖主义工作领导机构认定并由其办事机构公告的恐怖活动组织和人员名单；

（二）外交部发布的执行联合国安理会决议通知中涉及定向金融制裁的组织和人员名单；

（三）国务院反洗钱行政主管部门认定或者会同国家有关机关认定的，具有重大洗钱风险、不采取措施可能造成严重后果的组织和人员名单。

对前款第一项规定的名单有异议的，当事人可以依照《中华人民共和国反恐怖主义法》的规定申请复核。对前款第二项规定的名单有异议的，当事人可以按照有关程序提出从名单中除去的申请。对前款第三项规定的名单有异议的，当事人可以向作出认定的部门申请行政复议；对行政复议决定不服的，可以依法提起行政诉讼。

反洗钱特别预防措施包括立即停止向名单所列对象及其代理人、受其指使的组织和人员、其直接或者间接控制的组织提供金融等服务或者资金、资产，立即限制相关资金、资产转移等。

第一款规定的名单所列对象可以按照规定向国家有关机关申请使用被限制的资金、资产用于单位和个人的基本开支及其他必需支付的费用。采取反洗钱特别预防措施应当保护善意第三人合法权益，善意第三人可以依法进行权利救济。

第四十一条 金融机构应当识别、评估相关风险并制定相应的制度，及时获取本法第四十条第一款规定的名单，对客户及其交易对象进行核查，采取相应措施，并向反洗钱行政主管部门报告。

第四十二条 特定非金融机构在从事规定的特定业务时，参照本章关于金融机构履行反洗钱义务的相关规定，根据行业特点、经营规模、洗钱风险状况履行反洗钱义务。

第四章 反洗钱调查

第四十三条 国务院反洗钱行政主管部门或者其设区的市级以上派出机构发现涉嫌洗钱的可疑交易活动或者违反本法规定的其他行为，需要调查核实的，经国务院反洗钱行政主管部门或者其设区的市级以上派出机构负责人批准，可以向金融机构、特定非金融机构发出调查通知书，开展反洗钱调查。

反洗钱行政主管部门开展反洗钱调查，涉及特定非金融机构的，必要时可以请求有关特定非金融机构主管部门予以协助。

金融机构、特定非金融机构应当配合反洗钱调查，在规定时限内如实提供有关文件、资料。

开展反洗钱调查，调查人员不得少于二人，并应当出示执法证件和调查通知书；调查人员少于二人或者未出示执法证件和调查通知书的，金融机构、特定非金融机构有权拒绝接受调查。

第四十四条 国务院反洗钱行政主管部门或者其设区的市级以上派出机构开展反洗钱调查，可以采取下列措施：

（一）询问金融机构、特定非金融机构有关人员，要求其说明情况；

（二）查阅、复制被调查对象的账户信息、交易记录和其他有关资料；

（三）对可能被转移、隐匿、篡改或者毁损的文件、资料予以封存。

询问应当制作询问笔录。询问笔录应当交被询问人核对。记载有遗漏或者差错的，被询问人可以要求补充或者更正。被询问人确认笔录无误后，应当签名或者盖章；调查人员也应当在笔录上签名。

调查人员封存文件、资料，应当会同金融机构、特定非金融机构的工作人员查点清楚，当场开列清单一式二份，由调查人员和金融机构、特定非金融机构的工作人员签名或者盖章，一份交金融机构或者特定非金融机构，一份附卷备查。

第四十五条 经调查仍不能排除洗钱嫌疑或者发现其他违法犯罪线索的，应当及时向有管辖权的机关移送。接受移送的机关应当按照有关规定反馈处理结果。

客户转移调查所涉及的账户资金的，国务院反洗钱行政主管部门认为必要时，经其负责人批准，可以采取临时冻结措施。

接受移送的机关接到线索后，对已依照前款规定临时冻结的资金，应当及时决定是否继续冻结。接受移送的机关认为需要继续冻结的，依照相关法律规定采取冻结措施；认为不需要继续冻结的，应当立即通知国务院反洗钱行政主管部门，国务院反洗钱行政主管部门应当立即通知金融机构解除冻结。

临时冻结不得超过四十八小时。金融机构在按照国务院反洗钱行政主管部门的要求采取临时冻结措施后四十八小时内，未接到国家有关机关继续冻结通知的，应当立即解除冻结。

第五章　反洗钱国际合作

第四十六条　中华人民共和国根据缔结或者参加的国际条约，或者按照平等互惠原则，开展反洗钱国际合作。

第四十七条　国务院反洗钱行政主管部门根据国务院授权，负责组织、协调反洗钱国际合作，代表中国政府参与有关国际组织活动，依法与境外相关机构开展反洗钱合作，交换反洗钱信息。

国家有关机关依法在职责范围内开展反洗钱国际合作。

第四十八条　涉及追究洗钱犯罪的司法协助，依照《中华人民共和国国际刑事司法协助法》以及有关法律的规定办理。

第四十九条　国家有关机关在依法调查洗钱和恐怖主义融资活动过程中，按照对等原则或者经与有关国家协商一致，可以要求在境内开立代理行账户或者与我国存在其他密切金融联系的境外金融机构予以配合。

第五十条　外国国家、组织违反对等、协商一致原则直接要求境内金融机构提交客户身份资料、交易信息，扣押、冻结、划转境内资金、资产，或者作出其他行动的，金融机构不得擅自执行，并应当及时向国务院有关金融管理部门报告。

除前款规定外，外国国家、组织基于合规监管的需要，要求境内金融机构提供概要性合规信息、经营信息等信息的，境内金融机构向国务院有关金融管理部门和国家有关机关报告后可以提供或者予以配合。

前两款规定的资料、信息涉及重要数据和个人信息的，还应当符合国家数据安全管理、个人信息保护有关规定。

第六章　法律责任

第五十一条　反洗钱行政主管部门和其他依法负有反洗钱监督管理职责的部门从事反洗钱工作的人员有下列行为之一的，依法给予处分：

（一）违反规定进行检查、调查或者采取临时冻结措施；

（二）泄露因反洗钱知悉的国家秘密、商业秘密或者个人隐私、个人信息；

（三）违反规定对有关机构和人员实施行政处罚；

（四）其他不依法履行职责的行为。

其他国家机关工作人员有前款第二项行为的，依法给予处分。

第五十二条　金融机构有下列情形之一的，由国务院反洗钱行政主管部门或者其设区的市级以上派出机构责令限期改正；情节较重的，给予警告或者处二十万元以下罚款；情节严重或者逾期未改正的，处二十万元以上二百万元以下罚款，可以根据情形在职责范围内或者建议有关金融管理部门限制或者禁止其开展相关业务：

（一）未按照规定制定、完善反洗钱内部控制制度规范；

（二）未按照规定设立专门机构或者指定内设机构牵头负责反洗钱工作；

（三）未按照规定根据经营规模和洗钱风险状况配备相应人员；

（四）未按照规定开展洗钱风险评估或者健全相应的风险管理制度；

（五）未按照规定制定、完善可疑交易监测标准；

（六）未按照规定开展反洗钱内部审计或者社会审计；

（七）未按照规定开展反洗钱培训；

（八）应当建立反洗钱相关信息系统而未建立，或者未按照规定完善反洗钱相关信息系统；

（九）金融机构的负责人未能有效履行反洗钱职责。

第五十三条 金融机构有下列行为之一的，由国务院反洗钱行政主管部门或者其设区的市级以上派出机构责令限期改正，可以给予警告或者处二十万元以下罚款；情节严重或者逾期未改正的，处二十万元以上二百万元以下罚款：

（一）未按照规定开展客户尽职调查；

（二）未按照规定保存客户身份资料和交易记录；

（三）未按照规定报告大额交易；

（四）未按照规定报告可疑交易。

第五十四条 金融机构有下列行为之一的，由国务院反洗钱行政主管部门或者其设区的市级以上派出机构责令限期改正，处五十万元以下罚款；情节严重的，处五十万元以上五百万元以下罚款，可以根据情形在职责范围内或者建议有关金融管理部门限制或者禁止其开展相关业务：

（一）为身份不明的客户提供服务、与其进行交易，为客户开立匿名账户、假名账户，或者为冒用他人身份的客户开立账户；

（二）未按照规定对洗钱高风险情形采取相应洗钱风险管理措施；

（三）未按照规定采取反洗钱特别预防措施；

（四）违反保密规定，查询、泄露有关信息；

（五）拒绝、阻碍反洗钱监督管理、调查，或者故意提供虚假材料；

（六）篡改、伪造或者无正当理由删除客户身份资料、交易记录；

（七）自行或者协助客户以拆分交易等方式故意逃避履行反洗钱义务。

第五十五条 金融机构有本法第五十三条、第五十四条规定的行为，致使犯罪所得及其收益通过本机构得以掩饰、隐瞒的，或者致使恐怖主义融资后果发生的，由国务院反洗钱行政主管部门或者其设区的市级以上派出机构责令限期改正，涉及金额不足一千万元的，处五十万元以上一千万元以下罚款；涉及金额一千万元以上的，处涉及金额百分之二十以上二倍以下罚款；情节严重的，可以根据情形在职责范围内实施或者建议有关金融管理部门实施限制、禁止其开展相关业务，或者责令停业整顿、吊销经营许可证等处罚。

第五十六条 国务院反洗钱行政主管部门或者其设区的市级以上派出机构依照本法第五十二条至第五十四条规定对金融机构进行处罚的，还可以根据情形对负有责任的董事、监事、高级管理人员或者其他直接责任人员，给予警告或者处二十万元以下罚款；情节严重的，可以根据情形在职责范围内实施或者建议有关金融管理部门实施取消其任职资格、禁止其从事有关金融行业工作等处罚。

国务院反洗钱行政主管部门或者其设区的市级以上派出机构依照本法第五十五条规定对金融机构进行处罚的，还可以根据情形对负有责任的董事、监事、高级管理人员或者其他直接责任人员，处二十万元以上一百万元以下罚款；情节严重的，可以根据情形在职责范围内实施或者建议有关金融管理部门实施取消其任职资格、禁止其从事有关金融行业工作等处罚。

前两款规定的金融机构董事、监事、高级管理人员或者其他直接责任人员能够证明自己已经勤勉尽责采取反洗钱措施的，可以不予处罚。

第五十七条 金融机构违反本法第五十条规定擅自采取行动的，由国务院有关金融管理部门处五十万元以下罚款；情节严重的，处五十万元以上五百万元以下罚款；造成损失的，并处所造成直接经济损失一倍以上五倍以下罚款。对负有责任的董事、监事、高级管理人员或者其他直接责任人员，可以由国务院有关金融管理部门给予警告或者处五十万元以下罚款。

境外金融机构违反本法第四十九条规定，对国家有关机关的调查不予配合的，由国务院反洗钱行政主管部门依照本法第五十四条、第五十六条规定进行处罚，并可以根据情形将其列入本法第四十条第一款第三项规定的名单。

第五十八条 特定非金融机构违反本法规定的，由有关特定非金融机构主管部门责令限期改正；情节较重的，给予警告或者处五万元以下罚款；情节严重或者逾期未改正的，处五万元以上五十万元以下罚款；对有关负责人，可以给予警告或者处五万元以下罚款。

第五十九条 金融机构、特定非金融机构以外的单位和个人未依照本法第四十条规定履行反洗钱特别预防措施义务的，由国务院反洗钱行政主管部门或者其设区的市级以上派出机构责令限期改正；情节严重的，对单位给予警告或者处二十万元以下罚款，对个人给予警告或者处五万元以下罚款。

第六十条 法人、非法人组织未按照规定向登记机关提交受益所有人信息的，由登记机关责令限期改正；拒不改正的，处五万元以下罚款。向登记机关提交虚假或者不实的受益所有人信息，或者未按照规定及时更新受益所有人信息的，由国务院反洗钱行政主管部门或者其设区的市级以上派出机构责令限期改正；拒不改正的，处五万元以下罚款。

第六十一条 国务院反洗钱行政主管部门应当综合考虑金融机构的经营规模、内部控制制度执行情况、勤勉尽责程度、违法行为持续时间、危害程度以及整改情况等因素，制定本法相关行政处罚裁量基准。

第六十二条 违反本法规定，构成犯罪的，依法追究刑事责任。

利用金融机构、特定非金融机构实施或者通过非法渠道实施洗钱犯罪的，依法追究刑事责任。

第七章　附　　则

第六十三条　在境内设立的下列机构，履行本法规定的金融机构反洗钱义务：

（一）银行业、证券基金期货业、保险业、信托业金融机构；

（二）非银行支付机构；

（三）国务院反洗钱行政主管部门确定并公布的其他从事金融业务的机构。

第六十四条　在境内设立的下列机构，履行本法规定的特定非金融机构反洗钱义务：

（一）提供房屋销售、房屋买卖经纪服务的房地产开发企业或者房地产中介机构；

（二）接受委托为客户办理买卖不动产，代管资金、证券或者其他资产，代管银行账户、证券账户，为成立、运营企业筹措资金以及代理买卖经营性实体业务的会计师事务所、律师事务所、公证机构；

（三）从事规定金额以上贵金属、宝石现货交易的交易商；

（四）国务院反洗钱行政主管部门会同国务院有关部门根据洗钱风险状况确定的其他需要履行反洗钱义务的机构。

第六十五条　本法自 2025 年 1 月 1 日起施行。

全国人民代表大会宪法和法律委员会

关于《中华人民共和国反洗钱法（修订草案三次审议稿）》修改意见的报告

（2024年11月7日）

全国人民代表大会常务委员会：

本次常委会会议于11月5日下午对反洗钱法修订草案三次审议稿进行了分组审议。普遍认为，修订草案已经比较成熟，赞成进一步修改后，提请本次常委会会议表决通过。同时，有些常委会组成人员和列席人员还提出了一些修改意见和建议。宪法和法律委员会于11月5日晚召开会议，逐条研究了常委会组成人员和列席人员的审议意见，对修订草案进行统一审议。全国人大财政经济委员会、司法部、中国人民银行有关负责同志列席了会议。宪法和法律委员会认为，修订草案是可行的，同时，提出以下修改意见：

一、修订草案三次审议稿第二十三条对国务院反洗钱行政主管部门评估、监测新型洗钱风险作了规定。有的常委委员提出，为应对实践中利用各种新的技术手段从事洗钱活动，应当支持和鼓励反洗钱领域技术创新；主管部门也应当加强对反洗钱义务机构的指导。宪法和法律委员会经研究，建议采纳这一意见。

二、修订草案三次审议稿第三十条对金融机构采取洗钱风险管理措施作了规定。有的常委委员提出，金融机构作为企业，其采取洗钱风险管理措施与国家机关依法采取的行政强制措施性质不同，不包括对存款人存款进行冻结或者变相冻结。建议进一步明确金融机构采取洗钱风险管理措施的，应当在其业务权限范围内进行。宪法和法律委员会经研究，建议采纳这一意见。

三、修订草案三次审议稿第三十五条对金融机构应当按照规定报告可疑交易作了规定。有的常委委员提出，金融机构报告可疑交易这件事情本身不应向客户或者他人透露，以免影响反洗钱工作。宪法和法律委员会经研究，建议在该条中增加“提交可疑交易报告的情况应当保密”的规定。

经与有关部门研究，建议将修订后的反洗钱法的施行时间确定为2025 年 1 月 1 日。

此外，根据常委会组成人员的审议意见，还对修订草案三次审议稿作了一些文字修改。

修订草案修改稿已按上述意见作了修改，宪法和法律委员会建议提请本次常委会会议审议通过。

修订草案修改稿和以上报告是否妥当，请审议。

（来源：中国人大网站）

全国人民代表大会宪法和法律委员会

关于《中华人民共和国反洗钱法（修订草案）》审议结果的报告

（2024年11月4日）

全国人民代表大会常务委员会：

常委会第十一次会议对反洗钱法修订草案进行了二次审议。会后，法制工作委员会将修订草案二次审议稿印发中央有关部门和部分基层立法联系点、金融机构等征求意见；在中国人大网全文公布修订草案二次审议稿，征求社会公众意见。宪法和法律委员会、法制工作委员会到北京、广东等地调研，听取意见，并就一些重要问题会同有关方面共同研究。宪法和法律委员会于10月9日召开会议，根据常委会组成人员的审议意见和各方面的意见，对修订草案进行了逐条审议。财政经济委员会、司法部、中国人民银行有关负责同志列席了会议。10月25日，宪法和法律委员会召开会议，再次进行了审议。宪法和法律委员会认为，修订草案经过两次审议修改，已经比较成熟。同时，提出以下主要修改意见：

一、修订草案二次审议稿第三十条对金融机构采取洗钱风险管理措施作了规定。有的常委委员、部门、社会公众建议进一步明确其条件，以避免对客户正常的金融活动造成影响。宪法和法律委员会经研究，建议细化规定金融机构发现客户交易与客户身份、风险状况等不符的，采取进一步核实有关情况的措施；存在洗钱高风险情形且有必要时，可以采取限制交易方式等措施。

二、修订草案二次审议稿第三十七条对金融机构在公司内部、集团成员之间共享反洗钱信息作了规定。有的常委会组成人员、部门、社会公众提出，机构内部反洗钱信息共享，也应当依法进行并保障信息安全。宪法和法律委员会经研究，建议增加规定共享反洗钱信息应当符合有关信息保护的法律规定。

三、修订草案二次审议稿第三十九条中规定，单位和个人对金融机构采取洗钱风险管理措施有异议的，金融机构应当在十五日内处理并答复。有的常委委员、地方、社会公众提出，有的金融服务，如社会保障、医疗费用的支取等，涉及客户基本生活必需，应当有快速通道及时处理。宪法和法律委员会经研究，建议增加规定洗钱风险管理措施涉及客户基本的、必需的金融服务的，金融机构应当及时处理。

四、修订草案二次审议稿第五十八条对有关单位和个人未依照本法第四十条规定履行反洗钱特别预防措施义务的法律责任作了规定。有的常委委员、社会公众建议对单位和个人分别规定处罚标准，以便于做到过罚相当。宪法和法律委员会经研究，建议采纳这一意见。

五、修订草案二次审议稿第六十一条对特定非金融机构及相关从业人员违反本法的，规定参照金融机构进行处罚。有的常委委员、地方、部门、社会公众提出，参照处罚不便于操作，建议对其单独规定处罚标准。宪法和法律委员会经研究，建议采纳这一意见。

还有一个问题需要报告。在修订草案二次审议稿征求意见过程中，有较多意见提出应当明确金融机构采取洗钱风险管理措施的，不得侵犯存款人取款权利。宪法和法律委员会、法制工作委员会就此问题与有关方面共同研究认为，商业银行法规定商业银行办理个人储蓄存款业务，应当遵循“存款自愿、取款自由”；商业银行应当保证存款本金和利息的支付，不得拖延、拒绝支付存款本金和利息。商业银行法的上述规定是明确的，商业银行与客户之间是平等主体间的民事关系，洗钱风险管理措施不是行政管制，金融机构采取洗钱风险管理措施应当在其业务权限范围内进行，不得擅自冻结或者变相冻结客户资金，侵犯其取款权利。

此外，还对修订草案二次审议稿作了一些文字修改。

10 月 22 日，法制工作委员会召开会议，邀请部分全国人大代表、有关部门、基层反洗钱义务机构和相关专家学者等就修订草案主要制度规范的可行性、出台时机、实施的社会效果和可能出现的问题等进行评估。普遍认为，修订草案贯彻落实中央加强金融法治建设要求，坚持问题导向，系统完善反洗钱制度措施，平衡反洗钱工作与保障个人和组织合法权益的关系，结构合理，可操作性强，有利于提高反洗钱工作的法治化水平。修订草案充分吸收了各方面意见，已经比较成熟，建议审议通过。与会人员还对修订草案提出了一些具体修改意见，有的意见已经采纳。

修订草案三次审议稿已按上述意见作了修改，宪法和法律委员会建议提请本次常委会会议审议通过。

修订草案三次审议稿和以上报告是否妥当，请审议。

（来源：中国人大网站）

司法解释、司法指导性文件与解读

最高人民法院　最高人民检察院

关于办理拒不执行判决、裁定刑事案件适用法律若干问题的解释

法释〔2024〕13 号

（2024 年 1 月 8 日最高人民法院审判委员会第 1911 次会议、2024 年 7 月 23 日最高人民检察院第十四届检察委员会第三十四次会议通过　2024 年 10 月 30 日最高人民法院、最高人民检察院公告公布　自 2024 年 12 月 1 日起施行）

为依法惩治拒不执行判决、裁定犯罪，确保人民法院判决、裁定依法执行，切实维护当事人合法权益，根据《中华人民共和国刑法》《中华人民共和国刑事诉讼法》《中华人民共和国民事诉讼法》《中华人民共和国行政诉讼法》等法律规定，现就办理拒不执行判决、裁定刑事案件适用法律若干问题解释如下：

第一条　被执行人、协助执行义务人、担保人等负有执行义务的人，对人民法院的判决、裁定有能力执行而拒不执行，情节严重的，应当依照刑法第三百一十三条的规定，以拒不执行判决、裁定罪处罚。

本解释所称负有执行义务的人，包括自然人和单位。

第二条 刑法第三百一十三条规定的“人民法院的判决、裁定”，是指人民法院依法作出的具有执行内容并已发生法律效力的判决、裁定。人民法院为依法执行支付令、生效的调解书、仲裁裁决、公证债权文书等所作的裁定属于该条规定的裁定。

第三条 负有执行义务的人有能力执行而拒不执行，且具有下列情形之一，应当认定为全国人民代表大会常务委员会关于刑法第三百一十三条的解释中规定的“其他有能力执行而拒不执行，情节严重的情形”：

（一）以放弃债权、放弃债权担保等方式恶意无偿处分财产权益，或者恶意延长到期债权的履行期限，或者以虚假和解、虚假转让等方式处分财产权益，致使判决、裁定无法执行的；

（二）实施以明显不合理的高价受让他人财产、为他人的债务提供担保等恶意减损责任财产的行为，致使判决、裁定无法执行的；

（三）伪造、毁灭、隐匿有关履行能力的重要证据，以暴力、威胁、贿买方法阻止他人作证或者指使、贿买、胁迫他人作伪证，妨碍人民法院查明负有执行义务的人财产情况，致使判决、裁定无法执行的；

（四）具有拒绝报告或者虚假报告财产情况、违反人民法院限制消费令等拒不执行行为，经采取罚款、拘留等强制措施后仍拒不执行的；

（五）经采取罚款、拘留等强制措施后仍拒不交付法律文书指定交付的财物、票证或者拒不迁出房屋、退出土地，致使判决、裁定无法执行的；

（六）经采取罚款、拘留等强制措施后仍拒不履行协助行使人身权益等作为义务，致使判决、裁定无法执行，情节恶劣的；

（七）经采取罚款、拘留等强制措施后仍违反人身安全保护令、禁止从事相关职业决定等不作为义务，造成被害人轻微伤以上伤害或者严重影响被害人正常的工作生活的；

（八）以恐吓、辱骂、聚众哄闹、威胁等方法或者以拉拽、推搡等消极抗拒行为，阻碍执行人员进入执行现场，致使执行工作无法进行，情节恶劣的；

（九）毁损、抢夺执行案件材料、执行公务车辆和其他执行器械、执行人员服装以及执行公务证件，致使执行工作无法进行的；

（十）其他有能力执行而拒不执行，情节严重的情形。

第四条 负有执行义务的人有能力执行而拒不执行，且具有下列情形之一，应当认定属于“情节特别严重”的情形：

（一）通过虚假诉讼、虚假仲裁、虚假公证等方式妨害执行，致使判决、裁定无法执行的；

（二）聚众冲击执行现场，致使执行工作无法进行的；

（三）以围攻、扣押、殴打等暴力方法对执行人员进行人身攻击，致使执行工作无法进行的；

（四）因拒不执行，致使申请执行人自杀、自残或者造成其他严重后果的；

（五）其他情节特别严重的情形。

第五条 有能力执行是指负有执行义务的人有全部执行或者部分执行给付财产义务或履行特定行为义务的能力。

在认定负有执行义务的人的执行能力时，应当扣除负有执行义务的人及其所扶养家属的生活必需费用。

第六条 行为人为逃避执行义务，在诉讼开始后、裁判生效前实施隐藏、转移财产等行为，在判决、裁定生效后经查证属实，要求其执行而拒不执行的，可以认定其有能力执行而拒不执行，情节严重，以拒不执行判决、裁定罪追究刑事责任。

前款所指诉讼开始后，一般是指被告接到人民法院应诉通知后。

第七条 全国人民代表大会常务委员会关于刑法第三百一十三条的解释和本解释中规定的“致使判决、裁定无法执行”，一般是指人民法院依据法律及相关规定采取执行措施后仍无法执行的情形，包括判决、裁定全部无法执行，也包括部分无法执行。

第八条 案外人明知负有执行义务的人有能力执行而拒不执行人民法院的判决、裁定，与其通谋，协助实施隐藏、转移财产等拒不执行行为，致使判决、裁定无法执行的，以拒不执行判决、裁定罪的共犯论处。

第九条 负有执行义务的人有能力执行而拒不执行人民法院的判决、裁定，同时构成拒不执行判决、裁定罪，妨害公务罪，袭警罪，非法处置查封、扣押、冻结的财产罪等犯罪的，依照处罚较重的规定定罪处罚。

第十条 拒不执行支付赡养费、扶养费、抚养费、抚恤金、医疗费用、劳动报酬等判决、裁定，构成犯罪的，应当依法从重处罚。

第十一条 实施刑法第三百一十三条规定的拒不执行判决、裁定行为，情节显著轻微危害不大的，不认为是犯罪；在提起公诉前，履行全部或者部分执行义务，犯罪情节轻微的，可以依法不起诉。在一审宣告判决前，履行全部或者部分执行义务，犯罪情节轻微的，可以依法从轻或者免除处罚。

第十二条 对被告人以拒不执行判决、裁定罪追诉时，对其故意毁损、无偿处分、以明显不合理价格处分、虚假转让等方式违法处置的财产，应当依法予以追缴或者责令退赔，交由执行法院依法处置。

第十三条 人民检察院应当结合侦查移送情况对涉案财产进行审查，在提起公诉时对涉案财产提出明确处理意见。人民法院应当依法作出判决，对涉案财产作出处理。

第十四条 申请执行人有证据证明同时具有下列情形，人民法院认为符合刑事诉讼法第二百一十条第三项规定的，以自诉案件立案审理：

（一）负有执行义务的人拒不执行判决、裁定，侵犯了申请执行人的人身、财产权利，应当依法追究刑事责任的；

（二）申请执行人曾经提出控告，而公安机关或者人民检察院对负有执行义务的人不予追究刑事责任的。

自诉人在判决宣告前，可以同被告人自行和解或者撤回自诉。

第十五条 拒不执行判决、裁定刑事案件，一般由执行法院所在地人民法院管辖。

第十六条 本解释自 2024 年 12 月 1 日起施行。《最高人民法院关于审理拒不执行判决、裁定刑事案件适用法律若干问题的解释》（法释〔2015〕16 号）同时废止。最高人民法院、最高人民检察院此前发布的司法解释和规范性文件与本解释不一致的，以本解释为准。

解读《最高人民法院、最高人民检察院关于办理拒不执行判决、裁定刑事案件适用法律若干问题的解释》

黄文俊　毛立华　向国慧　李宗诚*

2024 年 10 月 30 日，最高人民法院、最高人民检察院发布了《关于办理拒不执行判决、裁定刑事案件适用法律若干问题的解释》（以下简称《解释》），对于确保人民法院判决、裁定依法执行，切实维护当事人合法权益，具有重要意义。现就《解释》修订的有关情况说明如下。

一、制定背景

（一）贯彻落实中央文件有关要求

《中央全面依法治国委员会关于加强综合治理从源头切实解决执行

* 作者单位：最高人民法院执行局。

难问题的意见》（中法委发〔2019〕1号）规定，“加大对拒不执行生效判决、裁定等违法犯罪行为打击力度”，并提出了一系列明确要求。通过制定《解释》，解决统一立案标准、证据采信和法律适用标准问题，有针对性地加大拒执罪打击力度。

（二）做好与刑法修正案（九）的衔接

刑法修正案（九）对拒不执行判决、裁定罪作出修改，增加规定了“情节特别严重”的处罚情节，但司法解释并未明确具体认定标准，导致司法实践难以以“情节特别严重”追究被告人刑事责任，司法实践中亟须明确法律适用标准。

（三）服务经济社会发展大局

当前，债务人不诚信，拒不履行生效裁判确定义务，特别是金融、房地产等领域的逃废债问题，风险不断累积，已经影响经济健康发展，影响发展稳定大局，有必要运用刑事手段予以打击。与此同时，刑事司法在服务保障经济社会发展方面要充分体现谦抑性，防止刑事手段过度干预民事经济活动，保持经济社会发展必要的合理空间和灵活度。

（四）坚持司法实践导向的需要

据统计，2023年，人民法院以拒不执行判决、裁定罪判处罪犯4246人，而2023全国法院执结执行案件976万件，全国法院来信来访反映有财产拒不履行案件65550件。2024年1—10月，人民法院以拒不执行判决、裁定罪判处罪犯5289人，打击拒执罪力度有所加强，但总体上看，拒不执行判决、裁定罪的适用处于较低水平，与人民群众对拒不执行判决、裁定的反映相比，打击拒不执行判决、裁定犯罪的力度稍显不足。2019年全国两会开始，多名全国人大代表、全国政协委员提出建议提案，建议完善拒不执行判决、裁定罪相关制度，加大依法惩治力度。

二、主要原则

《解释》起草过程中，注重坚持了以下原则。

（一）坚持正确的政治方向

认真贯彻习近平新时代中国特色社会主义思想，坚持以人民为中心，严厉打击人民群众反映强烈的拒不执行犯罪行为，切实保障胜诉当事人合法权益，维护司法权威和司法公信。

（二）坚持罪责刑相适应原则

认真贯彻宽严相济刑事政策，正确区分罪与非罪的界限，努力实现刑罚的轻重与犯罪分子所犯罪行和承担的刑事责任相适应，做到宽严相济、罚当其罪、不枉不纵。

（三）坚持实践需求、问题导向

针对司法实践中反映的实际情况，重点加强对行为人在裁判生效之前转移、隐藏财产，采用虚假诉讼手段拒不执行等情形的刑事打击，建立健全追赃挽损程序，为司法实践提供有效指引和有力保障。

三、主要内容

《解释》共16条，主要包括以下内容。

（一）明确“有能力执行而拒不执行，情节严重”的情形

在《全国人大常委会关于〈中华人民共和国刑法〉第三百一十三条的解释》（2002年8月29日第九届全国人民代表大会常务委员会第二十九次会议通过，以下简称《2002年立法解释》）基础上，《解释》进一步列举了10项“有能力执行而拒不执行，情节严重”的情形。相比《最

高人民法院关于审理拒不执行判决、裁定刑事案件适用法律若干问题的解释》（法释〔2015〕16号，以下简称《2015年司法解释》），《解释》主要作了如下修改。

一是增加规定“以放弃债权、放弃债权担保等方式恶意无偿处分财产权益，或者恶意延长到期债权的履行期限，或者以虚假和解、虚假转让等方式处分财产权益，致使判决、裁定无法执行的”和“实施以明显不合理的高价受让他人财产、为他人的债务提供担保等恶意减损责任财产的行为，致使判决、裁定无法执行的”两种情形。主要理由：《2002年立法解释》针对合同法可撤销的情形作出了规定，民法典出台后，进一步丰富了可撤销的情形。因此，《解释》参照《2002年立法解释》，对民法典第五百三十八条和第五百三十九条新增加的可撤销情形作了规定，突出强调行为人主观需具备“恶意”的要件。此外，《解释》还增加规定了“虚假转让”的情形，主要是指恶意串通，将名下财产转移给他人代持以规避执行等行为。此类行为在拒不执行判决、裁定罪司法实践中较为多见，属于依法打击的重点，有必要单独予以规定。

二是增加规定“经采取罚款、拘留等强制措施后仍拒不履行协助行使人身权益等作为义务，致使判决、裁定无法执行，情节恶劣的”情形。主要理由：司法实践中，行为人藏匿孩子拒不移交对方抚养或者拒不配合对方行使探望权的情况并不鲜见。我们认为，对于少数拒不履行抚养权、探视权生效裁判，造成严重后果或者恶劣影响，或者情节十分严重，通过普通强制执行手段仍无法解决的，依照拒不执行判决、裁定罪依法惩治，不失为解决问题的方式之一。但需要强调的是，对此条款，司法实践中应当慎重适用，不到万不得已，不主张采取刑事手段。对于情节较轻的抢夺、藏匿行为，可以依法给予其他处罚。否则，可能既无助于解决纠纷，也不符合子女的意愿，不利于子女的健康成长，甚至对孩子将来都造成负面影响。

三是增加规定“经采取罚款、拘留等强制措施后仍违反人身安全保护令、禁止从事相关职业决定等不作为义务，造成被害人轻微伤以上伤害或者严重影响被害人正常的工作生活的”情形。该规定主要是与相关司法解释规定保持协调一致。《最高人民法院关于办理人身安全保护令案件适用法律若干问题的规定》（法释〔2022〕17号）第十二条规定：“被申请人违反人身安全保护令，符合《中华人民共和国刑法》第三百一十三条规定的，以拒不执行判决、裁定罪定罪处罚；同时构成其他犯罪的，依照刑法有关规定处理。”此外，《最高人民法院、最高人民检察院、教育部关于落实从业禁止制度的意见》明确，教职员工实施性侵害、虐待、拐卖、暴力伤害等犯罪的，人民法院应当依法判决禁止其从事密切接触未成年人的工作。对违反从业禁止决定情节严重的行为以拒不执行判决、裁定罪定罪处罚，有利于落实上述规定，加强对未成年人的保护。

此外，《解释》还对《2015年司法解释》“情节严重”的情形作了以下修改：一是在第三项中增加规定“隐匿”情形，进一步覆盖拒不执行情形。二是在第五项中增加规定“经采取罚款、拘留等强制措施后”，更好地区分刑事犯罪与民事纠纷、行政处罚的界限，有利于督促行为人履行相关义务，符合刑法谦抑性原则和宽严相济刑事政策要求。三是在第八项中增加规定“以拉拽、推搡等消极抗拒行为，阻碍执行人员进入执行现场，致使执行工作无法进行，情节恶劣的”，体现对社会公共秩序的维护和执行效果效率的要求。

（二）明确“情节特别严重”的情形

《解释》规定了五项负有执行义务的人有能力执行而拒不执行，“情节特别严重”的情形，主要包括：通过虚假诉讼、虚假仲裁、虚假公证等方式妨害执行，致使判决、裁定无法执行的；聚众冲击执行现场，致使执行工作无法进行的；以围攻、扣押、殴打等暴力方法对执行人员进行人身攻击，致使执行工作无法进行的；因拒不执行，致使申请执行人自杀、自残或者造成其他严重后果的；以及其他情节特别严重的情形。

《解释》本条前三项是《2015年司法解释》"情节严重"的三种情形，本次《解释》规定为"情节特别严重的"的情形，主要基于以下考虑。

一是符合客观实际情况。《2015年司法解释》出台时，刑法尚未作出增加规定"情节特别严重"的修改，《2015年司法解释》规定的"情节严重"的情形，囊括了司法实践中"有能力执行而拒不执行"的主要情形。在刑法修正案（九）增加规定"情节特别严重"后，客观上需要对《2015年司法解释》规定的情形作适当划分，区分出"情节严重"和"情节特别严重"的情形。

二是该三种情形相较一般的拒不执行、情节严重的情形，情节更为严重，客观上应当作为"情节特别严重"认定。对于第一项"通过虚假诉讼、虚假仲裁、虚假公证等方式妨害执行，致使判决、裁定无法执行的"情形，《中央全面依法治国委员会关于加强综合治理从源头切实解决执行难问题的意见》（中法委发〔2019〕1号）规定，"加大对以虚假诉讼、虚假仲裁、虚假公证等方式转移财产、逃避执行违法犯罪行为的打击力度"，如此修改，体现了对以虚假诉讼、虚假仲裁、虚假公证等方式转移财产、逃避执行违法犯罪行为的加重处罚，符合全面依法治国委的部署要求。其他两项情形是以聚众或者暴力手段对抗执行，相比一般拒执犯罪情节，应当作为"情节特别严重"的情形进行处罚。

三是保持刑法相关罪名之间的相互协调，在出现法条竞合时体现量刑幅度上的差异。行为人在构成拒不执行判决、裁定罪的同时，还可能构成虚假诉讼罪、妨害公务罪等犯罪，若仍然作为拒不执行判决、裁定罪一般量刑情节，相关罪名之间的量刑幅度一致，均为三年以下有期徒刑、拘役、管制或者罚金，司法实践中在出现法条竞合时，就难以择一重罪处罚。

上述三种情况，直接对抗生效裁判，具有相比于一般虚假诉讼罪、妨害公务罪更为严重的社会危害性，也体现了行为人更为严重的主观恶性，作为情节特别严重的情节处罚，厘清了拒不执行判决、裁定罪与虚假诉讼罪、妨害公务罪的区别，能够较为准确地体现量刑幅度上的差别，较好地解决了法条竞合的问题。

（三）明确判决、裁定生效前隐藏、转移财产的，可以构成拒不执行判决、裁定罪

通常情况下，只有在人民法院的判决、裁定生效后，才能确定可供执行的内容，如果人民法院的判决、裁定尚未生效，则当事人之间的权利义务关系尚不确定，行为人的执行依据和执行能力也就无法确定。因此，最高人民法院 2016 年发布的第 71 号指导案例“毛某文拒不执行判决、裁定案”，明确有能力执行而拒不执行判决、裁定的时间从判决、裁定发生法律效力时起算。但在司法实践中，执行人一般不会在判决、裁定生效后才开始实施转移、隐匿财产的行为，这是造成执行难的重要原因，也成为司法实践中拒不执行判决、裁定罪难以追究的重要原因。《刑事审判参考》总第 125 辑收录的第 1396 号案例“杨某荣、颜某英、姜某富拒不执行判决、裁定案”，认为“从时间上看，构成拒不执行判决、裁定罪的行为应当是从裁判生效后开始计算，但在民事裁判生效前，甚至在进入民事诉讼程序前，转移、隐匿财产等行为是否构成拒不执行判决、裁定罪？我们认为，只要转移、隐匿财产等行为状态持续至民事裁判生效后，情节严重的，即可构成拒不执行判决、裁定罪”。经认真研究，《解释》原则采纳了《刑事审判参考》第 1396 号案例的意见，规定：“行为人为逃避执行义务，在诉讼开始后、裁判生效前实施隐藏、转移财产等行为，在判决、裁定生效后经查证属实，要求其执行而拒不执行的，可以认定其有能力执行而拒不执行，情节严重，以拒不

执行判决、裁定罪追究刑事责任。”行为人在判决生效前即隐藏、转移财产，体现了行为人严重的主观恶性，也是拒不执行判决、裁定罪打击的重点，若单纯因为时间起算一般原则的限制而使行为人规避刑事打击，不符合罪责刑相适应原则和立法本意。如此规定，符合刑事主客观相统一原则，符合司法实践的客观需要，有利于精准打击拒不执行判决、裁定犯罪，树立诚实信用的社会风尚。

（四）明确案外人帮助隐藏、转移财产，可以共同犯罪追究刑事责任

司法实践中，拒不执行的被执行人往往并不实际保管财产，其隐藏、转移财产的行为一般需要通过案外人予以协助，如将存款、房产等隐匿至亲属、朋友名下，这也是被执行人隐藏、转移财产的主要方式。而案外人出于私利或者保护被执行人的考虑，往往不配合执行，甚至帮助被执行人逃避执行，对于案外人的行为，应当按照拒不执行判决、裁定罪的共同犯罪追究刑事责任。对此，《解释》规定，案外人明知负有执行义务的人有能力执行而拒不执行人民法院的判决、裁定，与其通谋，协助实施隐藏、转移财产等拒不执行行为，致使判决、裁定无法执行的，以拒不执行判决、裁定罪的共犯论处。

（五）明确从重、从轻情节

关于从重情节，《解释》规定，拒不执行支付赡养费、扶养费、抚养费、抚恤金、医疗费用、劳动报酬等判决、裁定的，应当酌情从重处罚。此处将《2015 年司法解释》规定的“可以”修改为“应当”酌情从重处罚，体现了对上述关乎基本民生保障费用的特别保护。关于从轻情节，《解释》规定，在提起公诉前，履行全部或者部分执行义务，犯罪情节轻微的，可以依法不起诉；在一审宣告判决前，履行全部或者部分执行义务，犯罪情节轻微的，可以依法从轻或者免除处罚。规定从轻

情节，主要是贯彻落实宽严相济刑事政策，在依法打击拒执犯罪的同时，鼓励被执行人积极履行判决、裁定确定的法律义务，促使执行案件得到实际执行。此外，《解释》还规定，实施刑法第三百一十三条规定的拒不执行判决、裁定行为，情节显著轻微危害不大的，不认为是犯罪。

（六）明确追赃挽损程序

拒不执行判决、裁定罪的客体具有双重性，既侵犯了人民法院生效裁判权威，也侵犯了当事人财产权益。司法实践中，行为人被以拒不执行判决、裁定罪定罪处罚后，当事人财产无法追回的情况较多，人民群众对此反映较为强烈。长期以来，刑事诉讼程序中不太重视涉案财产的处置，即使法律和司法解释作了相关规定后，司法实践中仍然存在刑事判决未能对涉案财产作出全面明确认定和处理的情况。案件进入执行程序后，面对案外人提出的异议，由于判决不够明确，执行程序中认定往往存在更大困难。我国刑法第六十四条规定，犯罪分子违法所得的一切财物，应当予以追缴或者责令退赔；对被害人的合法财产，应当及时返还。因此，《解释》规定，对被告人以拒不执行判决、裁定罪追诉时，对其故意毁损、无偿处分、以明显不合理价格处分、虚假转让等方式违法处置的财产，应当依法予以追缴或者责令退赔，交由执行法院依法处置。人民检察院应当结合侦查移送情况对涉案财产进行审查，在提起公诉时对涉案财产提出明确处理意见。人民法院应当依法作出判决，对涉案财产作出处理。司法实践中已经有此类判决。在刑事裁判之前即考虑和解决执行问题，债权人无须再另行通过撤销权诉讼等民事诉讼程序寻求救济，符合立审执相互协调精神，也有利于案结事了。

（七）关于案件管辖

由执行法院所在地司法机关管辖拒不执行判决、裁定案件具有合理性，也是客观需要，有利于证据及时收集和固定，有利于对犯罪及时追诉和打击。因此，应当继续坚持拒不执行案件由执行法院所在地司法机关管辖的一般原则。由其他有管辖权的人民法院审判更为适宜的，可以根据刑事诉讼法的相关规定，由其他有管辖权的人民法院管辖。

（八）其他需要说明的问题

除以上重点内容外，《解释》还作了以下修改。

一是在引言部分增加规定了“《中华人民共和国行政诉讼法》”。实践中，拒不执行判决、裁定罪是否包括拒不执行人民法院作出的具有执行内容并已发生法律效力的行政判决、裁定，特别是行政非诉执行裁定，存在不同认识，有必要作出明确规定，消除认识分歧，增强可操作性。

二是规定本罪的主体是被执行人、协助执行义务人、担保人等负有执行义务的人，并且明确单位可以构成本罪，从而与刑法修正案（九）第三十九条的规定保持一致。

三是明确“致使判决、裁定无法执行”的认定。一般是指人民法院依据法律及相关规定采取执行措施后仍无法执行的情形，包括判决、裁定全部无法执行，也包括部分无法执行。如此规定，既是“致使判决、裁定无法执行”的应有之义，也是为了最大限度地督促和鼓励被执行人积极履行生效裁判确定的法律义务，防止被执行人通过恶意少量履行以达到规避法律制裁的目的。

四是明确竞合犯的处理。规定负有执行义务的人有能力执行而拒不执行人民法院的判决、裁定，同时构成拒不执行判决、裁定罪，妨害公务罪，袭警罪，非法处置查封、扣押、冻结的财产罪等犯罪的，依照处罚较重的规定定罪处罚，与刑法及有关司法解释规定保持一致，也符合竞合犯择一重罪定罪处罚的一般处理原则。

还需要说明的是，关于人民法院生效调解书、支付令是否可以纳入拒执罪判决、裁定范围的问题。有意见认为，将人民法院生效调解书、支付令，视为人民法院作出的判决、裁定，符合我国民事诉讼法第一百条、第二百二十三条规定的精神，生效调解书、支付令在法律性质和救济途径等方面与判决、裁定没有实质区别。赋予人民法院生效调解书、支付令强制执行效力，有利于最大限度稳定当事人双方权利义务关系，尽快实现当事人合法权益，具有现实必要性。征求意见过程中，有意见认为，如此规定与《2002年立法解释》不协调，建议在今后立法工作中统筹研究。

四、贯彻实施

下一步，最高人民法院将指导地方各级人民法院，以《解释》的公布施行为契机，充分发挥审判职能作用，坚决依法惩治拒不执行判决、裁定犯罪，切实保障胜诉当事人合法权益。

一是提高政治站位，加大拒执犯罪打击力度。深刻理解拒不执行判决、裁定犯罪的严重社会危害性，主动把打击拒执犯罪融入党和国家经济社会发展稳定大局，既要彰显严惩立场、积极回应社会关切，也要严格法律适用、防止滥打击乱打击，确保三个效果的有机统一，推动切实解决执行难工作不断向纵深发展。

二是坚持罪责刑相适应原则，统一法律适用标准。正确区分罪与非罪的界限，认真贯彻宽严相济刑事政策，准确理解和适用《解释》规定的“情节严重”“情节特别严重”以及从重、从轻情节，坚持严格的证据收集和采信标准，重点加强对行为人在裁判生效之前转移、隐藏财产、采用虚假诉讼等手段拒不执行等情形的刑事打击，实现刑罚的轻重与犯罪分子所犯罪行和承担的刑事责任相适应，做到宽严相济、罚当其罪、不枉不纵。

三是加强公检法机关配合制约，健全依法打击拒执犯罪工作机制。配套司法解释制定办理拒不执行判决、裁定刑事案件的指导意见，厘清职责分工，构建公检法机关相互配合、相互制约的制度机制，确立法院证据材料收集固定职能，发挥公安机关侦查职能，强化检察机关法律监督职能，进一步畅通刑事自诉渠道，不断丰富完善依法打击拒不执行判决、裁定犯罪的措施手段。

（来源：《人民司法》2024年第27期）

最高人民检察院
关于加强新时代检察文化建设的意见

（2024年9月9日）

文化是一个国家、一个民族的灵魂。检察文化是检察机关和检察人员在履行法律监督职责过程中创造、发展和形成的，体现检察职业特点的精神内核、品质特征、规则制度、行为方式、媒介载体等精神成果和物质成果的总和，是中国特色社会主义法治文化的重要组成部分，是检察人员共有的精神家园。为深入学习贯彻习近平法治思想、习近平文化思想，加强新时代检察文化建设，提出如下意见。

一、总体要求

坚持以习近平新时代中国特色社会主义思想为指导，深入学习贯彻习近平法治思想、习近平文化思想，全面落实《中共中央关于加强新时代检察机关法律监督工作的意见》，把建设检察文化作为新时代新征程检察工作的战略性、基础性工作和社会主义法治文化的重要内容，统筹落实充分运用法治力量服务文化强国建设和加强检察机关自身文化建设的“双重责任”，举旗帜、聚民心、育新人、兴文化、展形象，大力弘扬“忠诚、为民、担当、公正、廉洁”的新时代检察精神，着力推进文化润检、文化强检，为检察工作现代化提供坚强思想保证、强大精神力量、有利文化条件。

新时代检察文化建设坚持以下原则：坚持党的文化领导权；坚持以人民为中心；坚持围绕中心、服务大局；坚持法安天下、德润人心；坚持固本培元、守正创新；坚持检察人员主体地位。

二、坚持和加强党对检察文化工作的全面领导

（一）持续用党的创新理论武装头脑。坚持不懈用习近平新时代中国特色社会主义思想凝心铸魂，一体学思践悟习近平法治思想、习近平文化思想，在真学真信真用、深化内化转化上下功夫。深刻阐释中国特色社会主义检察制度的显著优势、鲜明特色，增强理论研究宣传吸引力实效性，推动检察人员进一步坚定对中国特色社会主义法治道路、中国特色社会主义司法制度和检察制度的自信。

（二）落实意识形态工作责任制。牢牢掌握意识形态工作领导权、管理权、话语权，坚决反对和抵制西方“宪政”“三权鼎立”“司法独立”等错误观点思潮。落实主管主办和属地管理责任，守好建强“报刊网微端屏书”等意识形态阵地，加强检察自媒体账号管理。

（三）传承中华优秀传统法律文化。深入挖掘、汲取民为邦本、礼法并用、以和为贵、明德慎罚、执法如山等中华优秀传统法律文化精华，有效激活中华优秀传统法律文化基因，推动在检察实践中实现创造性转化、创新性发展。加强法治文物、检察文物的保护管理利用，阐释时代价值，赓续检察文脉。

（四）深化新时代检察文化理论研究。重点加强对检察文化基本内涵、功能作用、发展规律等基础性问题理论研究，加强对检察文化实践中重要措施、经验做法理论提炼，加强对检察职业道德建设的时代要

求、评价体系、监督机制理论论证，为检察文化发展提供坚强理论支撑。

三、大力培育弘扬新时代检察精神

（五）把握新时代检察文化建设的核心。不断紧固检察职业共同体赖以维系的精神纽带，把大力培育弘扬“忠诚、为民、担当、公正、廉洁”的新时代检察精神作为新时代检察文化建设的根本任务，通过教育引导、舆论宣传、文化熏陶、实践养成、制度保障，内化为检察人员的价值追求，外化为检察人员的自觉行动。

（六）坚守忠诚的政治品格。毫不动摇坚持党对检察工作的绝对领导，从政治上着眼、从法治上着力，把讲政治落实到监督办案、司法为民全过程，充分展现检察人员赤胆忠心、矢志不渝、坚持真理、坚守理想的政治品格，让坚定拥护“两个确立”、坚决做到“两个维护”成为新时代新征程检察机关的鲜明政治底色。

（七）坚守为民的价值目标。把为人民司法、让人民满意作为一切检察工作的出发点和落脚点，积极回应人民群众对美好生活的向往，持续加强人权司法保障，守护社会公共利益，充分展现检察人员情系民生、一心为公、解民之忧、护民安民的职业宗旨，持续做实人民群众可感受、能体验、得实惠的检察为民。

（八）坚守担当的职业使命。牢记时代责任和人民重托，做到敢于监督、善于监督、勇于开展自我监督，自觉为大局服务、为人民司法、为法治担当，充分展现检察人员恪尽职守、爱岗敬业、无私无畏、崇法护法的职业使命，让求真务实、担当实干成为新时代新征程检察人员的鲜明履职特征。

（九）坚守公正的核心特质。把维护公平正义作为检察工作的根本使命，深入践行新时代检察工作新理念，始终秉持客观公正立场，高质效办好每一起案件，既做犯罪的追诉者，又做无辜的保护者，更做正义的捍卫者，充分展现检察人员公正司法、刚直不阿、明察秋毫、不偏不倚的核心特质，努力让人民群众在每一个司法案件中感受到公平正义。

（十）坚守廉洁的基本操守。把廉洁从检作为检察人员立身之本、从业之基，自觉正己修身，严守党纪国法，严格执行防止干预司法“三个规定”、新时代政法干警“十个严禁”等工作纪律，杜绝关系案人情案金钱案，充分展现检察人员淡泊名利、清正廉洁、不徇私情、接受监督的基本操守，以自身正、自身净确保自身硬。

四、巩固壮大奋进新时代的检察主流思想舆论

（十一）做大做强检察主流思想舆论。坚持正确政治方向、舆论导向、价值取向，加强正面宣传，讲好“习近平法治思想的检察实践”故事，提高检察新闻舆论传播力、引导力、影响力、公信力。强化主题宣传，优化议题设置，深入开展“新时代检察宣传周”“新时代法律监督工作巡礼”“新时代检察故事汇”等活动，形成规模效应。完善新闻发言人制度，以高质效新闻发布扩大检察主流舆论场。加快新闻内容生产和传播方式迭代升级，推动优质检察新闻二次传播、跨界传播。

（十二）推进检察全媒体传播体系建设。坚持导向为魂、移动为先、内容为王、创新为要，统筹《检察日报》、正义网、最高检新媒体等融合传播渠道，集聚中央和地方各类媒体资源，加快打造检察全媒体传播生态链，构建适应全媒体生产传播工作机制和评价体系，更好推动“主力军全面挺进主战场”。深入实施检察全媒体品牌培育计划，深化“走近一线检察官”“新媒体走基层看检察”等网络宣传活动，不断增强检察全媒体传播效应。

（十三）弘扬社会主义法治精神。全面落实“谁执法谁普法”普法责任制，加强宪法、民法典等宣传教育，采取多种形式释法说理，大力弘扬社会主义核心价值观。充分挖掘指导性案例、典型案例蕴含的法治价值理念，深化检察官讲述办案故事效果，不断促进提升全社会法治意

识和法治素养。重视加强青少年法治宣传教育，持续深化法治副校长、法治进校园等工作，创新普法形式，发挥未成年人法治教育实践基地作用。

（十四）加强检察英模人物培树。优化新时代检察英模人物发现、挖掘、培养、宣传、学习机制。注重时代内涵，突出忠诚底色、清廉本色、专业亮色，让检察英模人物成为“有形的正能量”“鲜活的价值观”。注重遵循规律，面向基层一线，分级培育、分类选树、分层宣传，广泛树立可敬可亲可信的检察榜样。

（十五）加强检察公共关系建设。建立完善与媒体、机关、学校及社会各界的联系合作机制，增进全社会对检察工作和检察文化的了解认同。深化和规范检务公开，围绕重大主题、重点工作、重要节点，广泛开展检察开放日等活动，不断扩大检察文化影响力。加强国际传播能力建设，深化国际人文交流和司法合作，办好最高检英文官方网站，讲好中国法治故事，展示中国检察形象。

（十六）加强涉检舆论引导和舆情处置。完善涉检舆论引导机制和舆情应对协同机制，推进新闻宣传和网络舆论一体化管理。既避免因司法办案不规范引发舆情，更避免因应对处置不当引发更大舆情。健全落实舆情通报、案例分析、会商协调等工作制度，发挥涉检舆情典型案例反向审视作用，不断提升舆情风险防控处置能力。

（十七）构建一体化检察文化工作格局。深化“最高检统筹、省级院督导、市级院融通、县区院协同”工作格局，实现分级管理、各担其责、积极履职、一体推进。最高检加强统筹，注重顶层设计、组织发动、宏观协调；省级院强化督导，完善机制，分类指导，促进工作规范有序开展；地市级院注重融通，承上启下，整合资源，实现融合发展；县级院积极协同，确保专人负责，倡导人人有责。

五、丰富深化检察文化建设内容载体

（十八）弘扬红色检察文化。贯彻落实《党史学习教育工作条例》，推动党史、人民检察史学习教育常态化长效化。从实际、实用、实效出发，统筹用好各类检察文化资源，因地制宜建好用好检察博物馆、陈列馆、院史馆、图书室等文化活动场所，以红色检察文化传承为纽带，加强沉浸式互动式体验式教育熏陶。

（十九）营造清朗网络检察文化。认真落实《关于加强新时代检察机关网络法治工作的意见》，积极参与网络文化治理，促进营造清朗网络空间。加强优质网络内容生产传播，丰富检察短视频、网络短剧、网络动漫等网络文化产品供给。引导检察人员严格遵守网络行为规范，善于融合法言法语、网言网语唱响主旋律、传播正能量。发扬斗争精神，坚决抵制不良网络传播行为和网络活动。

（二十）培育发展特色检察文化。坚持个性化、差异化、多元化发展，将地域特征、人文历史、乡风民俗等独特元素有机融入检察文化建设，促进地方检察文化百花齐放。坚持检察文化建设与业务建设、队伍建设统筹推进，紧密结合不同业务特点，聚焦优秀办案团队锻造、先进工作机制总结、精品案例故事提炼，打造彰显公平正义的检察特色文化。

（二十一）丰富活跃基层检察文化。立足本地实际，用好地域资源，建设布置体现检察特色、富有文化底蕴的庭院基地、长廊橱窗、电子荧屏、标识格言等。办好文学笔会、文化创作、文艺演出、文体竞赛，广泛开展文化沙龙、书香检察、法治讲堂、读书会等文化活动，培养扎根基层、活跃基层的检察业余文艺骨干。

（二十二）打造优秀检察文化品牌。聚焦"高质效办好每一个案件"和新时代检察精神，加强检察文化品牌培育。持续开展全国检察机关优秀文化品牌征集展示活动，集中呈现新时代新征程检察文化建设成果。注重品牌示范引领，开展优秀检察文化品牌交流互鉴，辐射带动检察文化高质量发展。

（二十三）加强检察机关精神文明建设。主动参与文明培育、文明实践、文明创建活动。积极参加精神文明建设“五个一工程”等评选活动，推动检察机关融入新时代文明实践中心建设，组织发布新时代检察机关精神文明建设创新事例，加大检察系统精神文明单位创建力度。以全国道德模范评选表彰为载体，加强检察系统道德模范学习宣传。促进文明礼仪、文明习惯、文明行为养成，持续提升检察人员文明素养。注重检察人员家庭家教家风建设，推动形成社会主义家庭文明新风尚。

六、繁荣发展新时代检察文艺

（二十四）创作无愧于时代的优秀检察文艺作品。坚持以人民为中心的创作导向，依托社会优质文化资源，打造具有时代意义、法治内涵、检察特质、观众口碑的检察文艺精品力作。倡导“小成本、大情怀、正能量”，主动邀请文艺工作者深入基层一线、走进检察生活，创作更多有筋骨、有道德、有温度的法治文艺作品。面向基层，持续开展微电影微视频微动漫展播等活动，灵活组织检察文艺创作培训研讨，着力提升检察人员文艺素养。

（二十五）创新检察文艺作品生产管理机制。探索建立覆盖全流程的检察文艺精品创作组织体系。加强与各级文联、作协等联系，建设完善检察文艺智库，培育壮大检察文艺骨干队伍。严格检察题材文艺作品审读把关，加强对重点检察文艺创作项目扶持引导。

（二十六）丰富群众性文化体育活动。充分利用节假日、庆典、纪念日等时机，突出检察人员主体地位，组织文学、书画、摄影、音乐、舞蹈、戏剧等检察文艺活动，开展各类有益身心健康的群众性体育活动，丰富检察人员文化生活。

七、强化组织保障

把文化建设纳入检察工作发展总体布局和各级检察院党组重要议事日程，形成党组集中统一领导、宣传文化部门组织协调、业务综合部门履职尽责、广大检察人员积极参与的工作格局。构建科学合理的检察文化工作综合评价激励机制。建立新时代检察文化研究中心，建设完善检察文化人才库，加强检察文化人才培养。及时总结推广检察文化建设优秀事例。做好西部地区、革命老区、民族地区等检察文化支持援建工作。积极推动数字赋能，加快发展新型检察文化业态，打造检察融媒体应用系统，推进检察融媒体中心建设，实现检察文化建设纵向融合、横向融通、总体推进。

（来源：最高人民检察院网站）

解读《最高人民检察院关于加强新时代检察文化建设的意见》

李雪慧* 孔 玮**

为深入学习贯彻习近平法治思想、习近平文化思想，全面落实全国宣传思想文化工作会议精神，加强新时代检察文化建设，2024年9月9日，最高人民检察院印发《关于加强新时代检察文化建设的意见》（以

* 作者单位：最高人民检察院办公厅（新闻办公室）。
** 作者单位：最高人民检察院新闻办公室文化工作处。

下简称《意见》)。为便于准确理解和落实《意见》，现就其出台背景、内容特点和重点工作等作一说明。

一、《意见》出台背景

文化是一个国家、一个民族的灵魂。党的十八大以来，以习近平同志为核心的党中央把文化建设摆在治国理政的重要位置，从全局和战略高度举旗定向、谋篇布局，推动新时代文化建设取得一系列标志性成果。检察文化建设是中国特色社会主义文化建设特别是法治文化建设的重要内容。新时代新征程，检察机关要自觉担负起推动文化繁荣、建设文化强国、建设中华民族现代文明这一新的文化使命，自觉将检察文化建设融入高质效检察履职并充分发挥文化引领作用。此次最高人民检察院出台《意见》主要基于以下考虑。

一是贯彻落实习近平文化思想和党中央决策部署的迫切需要。2023年10月，全国宣传思想文化工作会议正式提出和系统阐述了习近平文化思想。这为做好新时代新征程的宣传思想文化工作、担负起新的文化使命提供了强大的思想武器和科学的行动指南。2021年以来，中央相继出台《关于加强社会主义法治文化建设的意见》《关于加强新时代廉洁文化建设的意见》《关于加强新时代检察机关法律监督工作的意见》等三个重要文件。党的二十大和二十届三中全会分别围绕“推进文化自信自强，铸就社会主义文化新辉煌”和“深化文化体制机制改革”作出重大部署。加强新时代检察文化建设，必须坚持以习近平新时代中国特色社会主义思想为引领，将习近平文化思想融入检察文化建设全过程，将党中央决策部署落实到具体工作中。

二是贯彻落实最高人民检察院党组新理念新要求的重要举措。新时代新征程，最高人民检察院党组提出了“高质效办好每一个案件”“三个善于”等一系列检察工作新理念。特别是2023年11月，最高人民检察院召开全国检察宣传文化工作会议，应勇检察长强调检察机关要在推进习近平法治思想的检察实践中领悟践行习近平文化思想，统筹落实充分运用法治力量服务文化强国建设和加强检察机关自身文化建设的"双重责任"等重要任务，为加强新时代检察文化建设指明了前进方向。

三是适应新时代检察工作新发展的必然要求。人民检察事业走过的不平凡之路，促进了检察文化自信自强，检察文化建设也始终与时俱进，服务保障检察工作发展。与此同时，对照人民群众对检察工作的新期待，对照检察工作现代化的新任务，检察文化建设仍然存在偏重形式忽视内涵、特色不够鲜明、方式载体单一、机制不够健全等问题，迫切需要解决。各级检察机关希望尽快出台一个与新形势新任务相适应的指导性文件，解决当前检察文化建设中的难题，引领今后一个时期检察文化建设的高质量发展。

四是深化新时代检察文化理论研究的务实之举。近年来，在最高人民检察院党组坚强领导下，检察宣传文化工作适应新形势新发展，理论研究不断深入，实践探索创新发展，取得了不少经验成果。例如，2023年最高人民检察院检察理论研究课题"加强检察全媒体传播体系建设研究"等立项；2024年最高人民检察院检察理论研究课题"中华优秀传统法律文化在检察工作中的传承运用研究"被列为重点课题。同时，以"弘扬法治文化 砥砺检察初心"为主题的新时代法治文化建设理论征文活动在全国检察机关开展，检察系统内外人员积极投稿，撰写了一批政治站位高、思考研究深、针对性强的高质量文章，集中展现了新时代检察文化建设理论研究丰硕成果。新时代检察文化建设的优秀研究成果指导和推动检察文化在新时代创新发展，需要以具有操作性的《意见》呈现出来，转化为新时代检察文化的生动实践。

五是固化新时代检察文化实践探索的有效途径。近年来，检察文化建设实践成果丰硕，检察文化活动多点开花，检察系统持续开展全国检察机关优秀文化品牌征集展示活动，深入开展"新时代检察故事汇——检察官讲述办案故事”活动，深化“走近一线检察官”网络宣传活动，精心组织微电影微视频微动漫展播活动，激发检察人员创作活力。检察文艺创作勇攀高峰，电视剧《巡回检察组》、电影《第二十条》等作品荣获“飞天奖”“百花奖”等重磅奖项，人民检察概念曲《我的答案》荣获第十六届精神文明建设“五个一工程”奖。长期以来形成的检察文化建设中可复制可推广可借鉴的行之有效的实践探索，需要以《意见》的形式固定下来并予以深化。

二、《意见》主要内容和特点

《意见》除引言外，分三个板块，七个部分。

第一板块是总体要求，主要阐述指导思想和工作原则。

关于指导思想，提出坚持以习近平新时代中国特色社会主义思想为指导，深入学习贯彻习近平法治思想、习近平文化思想，把建设检察文化作为新时代新征程检察工作的战略性、基础性工作和建设社会主义法治文化的重要内容，着力推进文化润检、文化强检，为检察工作现代化提供坚强思想保证、强大精神力量、有利文化条件。

关于工作原则，简明扼要提出六项原则。主要内容包括：（1）坚持党的文化领导权。坚持和加强党对检察文化工作的全面领导，深刻领悟“两个确立”的决定性意义，增强“四个意识”、坚定“四个自信”、做到“两个维护”。（2）坚持以人民为中心。始终站稳人民立场，把“人民检察为人民”的宗旨要求全面落实到检察文化建设中，不断满足人民日益增长的精神文化需求。（3）坚持围绕中心、服务大局。紧紧围绕“高质效办好每一个案件”的基本价值追求，找准检察文化工作的切入点和着力点，在检察业务中丰富积淀检察文化，以优秀检察文化引领推动检察业务。（4）坚持法安天下、德润人心。把社会主义核心价值观自觉融入新时代检察工作和检察文化建设全过程各方面，用社会主义核心价值观浸润提升新时代检察精神，推动全社会崇德尚法、向上向善。（5）坚持固本培元、守正创新。增强文化自信，大力发展社会主义先进文化、弘扬革命文化、传承中华优秀传统文化，学习借鉴世界优秀法治文明成果，与时俱进，改革创新，不断发展和繁荣新时代检察文化。（6）坚持检察人员主体地位。面向检察人员、依靠检察人员、服务检察人员，激发检察文化建设的创新创造活力，不断增强检察人员职业使命感尊荣感归属感。

第二板块是主体内容，有五个部分26个条目。

一是坚持和加强党对检察文化工作的全面领导。主要包括持续用党的创新理论武装头脑、落实意识形态工作责任制、传承中华优秀传统法律文化、深化新时代检察文化理论研究等四条内容。

二是大力培育弘扬新时代检察精神。主要包括把握新时代检察文化建设的核心、坚守忠诚的政治品格、坚守为民的价值目标、坚守担当的职业使命、坚守公正的核心特质、坚守廉洁的基本操守等六条内容。

三是巩固壮大奋进新时代的检察主流思想舆论。主要包括做大做强检察主流思想舆论、推进检察全媒体传播体系建设、弘扬社会主义法治精神、加强检察英模人物培树、加强检察公共关系建设、加强涉检舆论引导和舆情处置、构建一体化检察文化工作格局等七条内容。

四是丰富深化检察文化建设内容载体。主要包括弘扬红色检察文化、营造清朗网络检察文化、培育发展特色检察文化、丰富活跃基层检察文化、打造优秀检察文化品牌、加强检察机关精神文明建设等六条内容。

五是繁荣发展新时代检察文艺。主要包括创作无愧于时代的优秀检察文艺作品、创新检察文艺作品生产管理机制、丰富群众性文化体育活动等三条内容。

第三板块对组织保障提出要求，包括：把文化建设纳入检察工作发展总体布局和各级检察院党组重要议事日程，形成党组集中统一领导、宣传文化部门组织协调的工作格局，构建科学合理的综合评价激励机制，加强检察文化人才培养，总结推广优秀事例，做好支持援建工作，推动数字赋能，实现检察文化建设纵向融合、横向融通、总体推进等内容。

《意见》坚持以习近平文化思想为引领，具有以下四个特点。

一是与时俱进体现中央最新精神。《意见》坚持以习近平新时代中国特色社会主义思想为指导，通篇贯彻落实习近平法治思想、习近平文化思想，按照宣传思想文化工作“举旗帜、聚民心、育新人、兴文化、展形象”使命任务的要求，融入“落实意识形态工作责任制”“推进检察全媒体传播体系建设”“主力军全面挺进主战场”“弘扬社会主义法治精神”“推进新闻宣传和网络舆论一体化管理”“加强国际传播能力建设”等内容。

二是明确新时代检察文化建设的核心。《意见》指出，把大力培育弘扬“忠诚、为民、担当、公正、廉洁”的新时代检察精神作为新时代检察文化建设的根本任务。新时代检察精神来源于《中华人民共和国检察官职业道德基本准则》的核心价值，是检察机关和检察人员的思想之魂、行为之基、立身之本。检察人员必须将新时代检察精神内化为价值追求，外化为自觉行动。

三是坚持问题导向。《意见》立足新时代检察文化建设的新要求，强调充分运用法治力量服务文化强国建设和加强检察机关自身文化建设的“双重责任”，坚持检察文化建设与业务建设、队伍建设统筹推进，坚持个性化、差异化、多元化发展，深化“最高检统筹、省级院督导、市级院融通、县区院协同”一体化工作格局，为新时代检察文化工作绘制了任务表、施工图。

四是突出检察人员主体地位。《意见》强调，检察文化建设面向检察人员、依靠检察人员、服务检察人员，鼓励广大检察人员积极参与，激发检察文化建设的创新创造活力，不断增强检察人员职业使命感尊荣感归属感，共同构建检察人员精神家园，促进检察事业全面进步，使检察文化建设成为全体检察人员的自觉行动。

三、落实《意见》需要注意的问题

（一）关于检察文化的概念

检察文化概念问题是研究检察文化的核心问题，也是新时代推进检察文化建设必须解决的首要问题。《意见》从实践角度对检察文化概念进行解释，并从具象角度进行细化和分类，明确为：检察文化是检察机关和检察人员在履行法律监督职责过程中创造、发展和形成的，体现检察职业特点的精神内核、品质特征、规则制度、行为方式、媒介载体等精神成果和物质成果的总和，是中国特色社会主义法治文化的重要组成部分，是检察人员共有的精神家园。

精神内核是社会主义核心价值观在国家法律监督机关的集中反映和具体要求，是检察机关和检察人员的灵魂所系。经过人民检察事业 90 多年的历史积淀、实践养成和理论探索，检察精神内核已经形成，即最高人民检察院确定并为系统内外所认可的忠诚、为民、担当、公正、廉洁理念。检察精神内核以公正为基因，贯穿于检察职业特征、规则制度乃至办案行为、器物媒介的全过程，融入服务大局的全方位，体现了检察文化的内核。品质特征，也即法律监督机关职业特征，是检察精神内核的外延和扩展，是检察人员群体意识最凝练的浓缩，是检察职业意志最集中的反映。进入新时代，最高人民检察院党组提出了一系列检察工作新理念，不断赋予检察职业特征以时代性，让检察职业品质既深化固化了职业特征，又不断吸取时代精华。检察职业特征具体来讲，可以从党的领导捍卫者、法律监督承担者、公平正义维护者、人民利益守护者、清正廉洁践行者“五重”身份来把握。规则制度，是核心价值和职业特征的综合体现，体现检察机关的整体队伍素养，显示检察机关代表国家依法行使检察权的威信和法律尊严。规则制度大体可以分为基本法律类、行为管理类、礼仪形象类三大类。行为方式，是检察文化呈现。文化的价值在于影响人的行为，人的行为方式在文化的熏陶下养成。检察官代表的是检察机关，检察官的行为代表国家形象，体现法律的尊严。包括检察官在内的所有检察人员的举手投足、一言一行，体现检察人员的水平、素质和文化，反映所在检察机关的精神风貌，体现检察文化。检察人员的行为方式分为检察办案行为方式和其他检察行为方式。媒介载体，是检察文化载体。媒介载体是对检察文化最生动的展示、最直观的呈现，是检察文化的外在载体。初步归纳，检察文化的载体包括器物标识类、场所设施类、语言符号类三大类。

检察文化五个层面之间是递进和包含的关系，其核心是忠诚、为民、担当、公正、廉洁的精神内核（第一层），逐渐向外延展为集党的领导捍卫者、法律监督承担者、公平正义维护者、人民利益守护者、清正廉洁践行者为一体的品质特征（第二层），并通过各种制度、规则、礼仪等加以记录、规范和固化（第三层），由以检察官为主体的检察人员的言行举止向外展示和呈现（第四层），最终外化、物化为各种传播媒介和载体（第五层）。可以这样理解，精神内核是魂，是检察文化灵魂所系；品质特征是质，是检察文化区别于其他文化的主要特征；规则制度是文，用文字记录的方式界定了检察文化的内涵；行为方式是人，通过检察人员的言行举止等呈现出检察文化的具象；媒介载体是物，最终以各种物的形式承载和表达检察文化。可以说，对外，魂、质、文、人、物层层递进，不断拓展；向内，物、人、文、质、魂层层包含，逐渐深化。内外交相融合，汇聚成一个集合体，构成检察文化的系统整体。

（二）关于新时代检察精神

检察精神属于检察文化中的精神内核层面内容。90 多年来，人民检察事业历经风雨，伴随国家法治进步不断成长壮大，促进了检察文化自信自强，逐渐形成了新时代检察精神。2016 年最高人民检察院印发的《中华人民共和国检察官职业道德基本准则》，将“忠诚、为民、担当、公正、廉洁”确定为检察官职业道德基本要求。经过多年来的养成、实践和积淀，这些理念已得到广大检察人员的自觉遵循和社会各界的充分认可。2023 年 12 月，应勇检察长在全国检察机关队伍建设工作会议上将这十个字提升为新时代检察精神。这次《意见》把大力培育弘扬新时代检察精神作为新时代检察文化建设的根本任务，提出通过教育引导、舆论宣传、文化熏陶、实践养成、制度保障，将其内化为检察人员的价值追求，外化为检察人员的自觉行动，目的就在于进一步强调，新时代检察精神是新时代检察文化建设的核心，应贯穿检察工作的全过程各环节，在检察业务工作、文化建设、队伍建设中一体培育践行，使之成为各级检察机关和全体检察人员无处不在、无时不有、日用而不觉的内在信念和行为准则。

（三）关于巩固壮大奋进新时代的检察主流思想舆论

习近平总书记深刻指出：“我们中国共产党人能不能在日益复杂的国际国内环境下坚持住党的领导、坚持和发展中国特色社会主义，这个还需要我们一代一代共产党人继续作出回答。做好意识形态工作，做好宣传思想工作，要放到这个大背景下来认识。”[①] 并明确提出要“着力建设具有强大凝聚力和引领力的社会主义意识形态”[②]。检察宣传文化工作始终处于意识形态斗争第一线、最前沿，巩固壮大奋进新时代的检察主流思想舆论，是新时代加强检察文化建设的重要职责。《意见》强调要加强正面宣传，推进检察全媒体传播体系建设，弘扬社会主义法治精神，讲好“习近平法治思想的检察实践”故事，提高检察新闻舆论传播力、引导力、影响力、公信力。检察宣传文化工作要抓住检察工作这个“本”，立足检察办案，传播检察好故事，传递法治正能量，巩固

① 本书编写组编著：《党的二十大报告辅导读本》，人民出版社 2022 年版，第 410 页。
② 本书编写组编著：《新时代思想政治工作大课堂》，人民出版社 2022 年版，第 61 页。

壮大检察主流思想舆论，让人民群众可感受、能感受、感受到公平正义。主题宣传要做亮。主动将检察宣传文化工作融入党和国家工作大局，结合重大工作部署、重点检察工作、重要工作成果，精心策划选题、精心打磨产品。近年来，最高人民检察院积极组织“新时代法律监督工作巡礼”“新时代检察宣传周”等重大主题宣传活动，注重优质检察新闻二次传播、跨界传播，形成强有力的检察舆论场。各级检察机关要结合本地实际，选取独特角度，突出点面结合，灵活运用消息、通讯、评论、视频、海报、漫画等多种形式，实现立体传播、融媒传播、分众传播。案例宣传要做通。案例是检察宣传文化的最大资源、独特优势。要注重把典型案例融入普法教育，广泛运用“案例+解读+视频”模式，深化“法治公开课”效果，在案例素材储备、制作、供给上更充分、全面、多元，深挖案例背后的法治理念、检察理念，着力培育和践行社会主义核心价值观，加大以案释法、普法宣传力度，发挥好“一个案例胜过一打文件”的教育功能。典型宣传要做活。党的二十届三中全会提出，要优化英模人物宣传学习机制。最高人民检察院党组要求，加大检察英模选树宣传力度，让求真务实、担当实干成为检察人员的鲜明履职特征。检察英模是新时代检察精神的具象化体现。培养、选树、宣传新时代检察英模是当前和今后一个时期的重点任务。要深入挖掘不同条线、不同类别的先进典型，将更多视角和镜头聚焦基层一线，综合运用融媒体手段，分层分级开展宣传，从检察生活中捕捉生动场景，从点滴小事中提炼闪光品格，从平凡事迹中探寻可贵精神，让检察英模成为“有形的正能量”“鲜活的价值观”。

（四）关于培育发展地方特色检察文化

百里不同风，千里不同俗。在推进检察文化建设中，要注重处理好共性和个性的关系。检察文化的共性在于核心价值、检察精神，个性则体现在不同地域、不同业务、不同岗位的不同特点中。共性是检察文化的根基，个性是检察文化的生命力和魅力所在。要在“根固”的基础上实现“枝繁、叶茂”，需要突出个性特点。一方面，要突出地域特色。《意见》强调，坚持个性化、差异化、多元化发展，将地域特征、人文历史、乡风民俗等独特元素有机融入检察文化建设，促进地方检察文化百花齐放。各级检察机关要依托地方特色文化资源，系统梳理、精心研究、深度融合，积极开展富有地域特色的检察文化活动，创作富有地域元素的检察文化作品，打造富有地域亮点的检察文化品牌，引领检察文化发展。例如，边疆民族地区检察机关可以结合地域特色和民族特色，打造以铸牢中华民族共同体意识为主线，践行手足相亲、守望相助、团结和睦精神的独特检察文化品牌。另一方面，要突出检察特色。《意见》强调，坚持检察文化建设与业务建设、队伍建设统筹推进，紧密结合不同业务特点，聚焦优秀办案团队锻造、先进工作机制总结、精品案例故事提炼，打造彰显公平正义的检察特色文化。各级检察机关要深入践行“以检察业务丰富积淀检察文化，以检察文化引领推动检察业务”理念，将检察文化内涵融入检察办案和司法实践，充分激发检察文化与检察业务、队伍建设的融合活力，推动检察工作高质量发展。

（五）关于构建一体化检察文化工作格局

聚焦基层反映最突出的检察文化建设人才队伍和基础保障不足问题，《意见》坚持问题导向，提出构建一体化检察文化工作格局，深化“最高检统筹、省级院督导、市级院融通、县区院协同”工作格局，实现分级管理、各担其责、积极履职、一体推进。最高人民检察院统筹，注重顶层设计、组织发动、宏观协调，引领整体发展方向。发挥最高人民检察院检察新闻宣传文化工作领导小组作用，紧紧围绕党中央决策部署和院党组工作要求，引领全国检察宣传工作发展方向，指导带领检察文化条线更好服务保障检察工作高质量发展。省级人民检察院督导，完善机制，分类指导，促进工作规范有序开展。省级人民检察院宣传文化部门要按照最高人民检察院确定的目标方向，完善检察文化领导机制，加强对全省检察文化工作的领导指导，促进检察文化工作规范、有序、创新开展。市级人民检察院融通，承上启下，整合资源，实现融合发展。地市级人民检察院要发挥承上启下的枢纽作用，以加强检察新闻宣传文化工作领导小组建设为关键，以构建市县两级人民检察院检察文化融合发展机制为重点，推进检察文化资源深度融合。县级人民检察院积极协同，确保专人负责，倡导人人有责，夯实文化工作基础。基层人民检察院要切实履行检察文化工作职责，确保专人负责文化工作，突出检察文化工作在弘扬社会主义核心价值观、参与社会综合治理、服务人民群众等方面的功效作用。各级检察机关要加强探索总结，以一盘棋的检察文化工作格局更好凝聚发展力量。

（六）关于地方检察机关的贯彻落实

一分部署，九分落实。出台《意见》只是迈出了检察文化建设顶层设计的第一步，关键在于各级检察机关抓好文件的贯彻实施。地方检察机关可从以下几个方面下功夫。

一是把握文件精神。各级检察机关要深入学习领会《意见》的核心内容和精神实质，准确理解新时代检察文化建设的指导思想、工作原则和具体要求，切实把学习成效转化为做好检察文化工作、推动检察事业发展的生动实践。

二是明确“双重责任”。一方面，充分运用法治力量坚决维护政治安全、意识形态安全和文化安全，加大文物和文化遗产保护力度，自觉服务深化文化体制机制改革；另一方面，加强自身文化建设，把社会主义核心价值观融入各项检察工作，弘扬社会主义法治精神，以检察履职引领社会风尚，推动全社会崇德尚法、向上向善。

三是找准短板弱项。学习对照《意见》的具体工作要求，通过查找短板弱项，明确工作重点，有针对性地采取措施，让新时代检察文化百花齐放，各展风采。

四是紧扣检察业务。加强新时代检察文化建设，必须统筹把握检察业务工作和检察文化工作的辩证统一关系，深刻理解二者是一币之两面，互为促进，缺一不可。检察业务是本体、核心、基础，是检察文化自信自强的根基；检察文化是灵魂、方向、动力，是检察事业不断发展的力量源泉，具有独特的教育、引导、规范、凝聚、激励作用。要紧紧围绕“高质效办好每一个案件”的基本价值追求，找准新时代检察宣传文化工作的切入点和着力点，为检察工作现代化提供坚强思想保证、强大精神力量、有利文化条件。

（来源：《人民检察》2024年第20期）

最高人民检察院
关于办理财务造假犯罪案件有关问题的解答

（2024年8月16日）

财务造假犯罪主要涉及欺诈发行证券与违规披露、不披露重要信息，以及提供虚假证明文件、出具证明文件重大失实等几种犯罪。现就实践中遇到的一些问题，解答如下。

一、总体问题

（一）如何认定公司、企业的信息披露义务

欺诈发行证券罪与违规披露、不披露重要信息罪是依法负有信息披

露义务的公司、企业在证券发行、持续经营等不同阶段实施的隐瞒重要事实、编造重大虚假内容的信息披露犯罪。发行不同的证券、在不同的阶段，信息披露义务主体和披露义务均有差别，准确认定公司、企业是否为信息披露义务主体及其披露义务是认定本罪的前提条件，对此应当依据《公司法》《证券法》以及根据上述法律制定的行政法规、部门规章作出判断。

1. 关于证券发行人在发行上市阶段的信息披露义务。证券发行人在发行阶段的信息披露义务，应当依据《公司法》《证券法》《首次公开发行股票并上市管理办法》《上市公司证券发行管理办法》《公司债券发行与交易管理办法》《企业债券管理条例》《公司信用类债券信息披露管理办法》《可转换公司债券管理办法》《存托凭证发行与交易管理办法（试行）》《境内外证券交易所互联互通存托凭证业务监管规定》《非上市公众公司监督管理办法》等，依法作出认定。需要注意的是，发行股票，既包括首次公开发行股票并上市，也包括公司上市后公开发行股票、非公开发行股票。发行债券，既包括上市公司发行债券，也包括非上市公司、企业发行债券；既包括公开发行债券，也包括非公开发行债券；既包括发行仅还本付息的信用类债券，也包括发行可转换为本公司股票的可转换公司债券。发行存托凭证，既包括境外公司在境内发行存托凭证并上市，也包括境内公司在境外发行存托凭证并上市。发行不同类型的证券，信息披露主体及义务存在差异，应当精准适用行政规定，依法作出认定。

2. 关于证券发行人持续经营阶段的信息披露义务。（1）公司股票发行后，上市公司、非上市公众公司对公司经营情况、财务情况、重大事件等负有定期披露义务和临时披露义务，应当依据《公司法》《证券法》《上市公司信息披露管理办法》《上市公司重大资产重组管理办法》《上市公司收购管理办法》《上市公司监管指引》《非上市公众公司信息披露管理办法》等，依法作出认定。（2）债券发行后，发行人在债券存续期内负有定期披露义务和临时披露义务，应当依据《证券法》《公司债券发行与交易管理办法》《企业债券管理条例》《公司信用类债券信息披露管理办法》《可转换公司债券管理办法》等法律法规，依法作出认定。（3）境外公司在境内发行存托凭证并在境内交易所上市后，境外基础证券发行人对境外公司经营情况、财务情况、重大事件等负有定期披露和临时披露义务，应当依据《证券法》《存托凭证发行与交易管理办法（试行）》《境内外证券交易所互联互通存托凭证业务监管规定》《创新企业境内发行股票或存托凭证上市后持续监管实施办法（试行）》等，依法作出认定。

3. 关于具体事项的披露义务。对于重大诉讼、仲裁、担保、关联交易等具体事项的披露义务，可以根据上市规则以及证券交易所制定的具体事项信息披露指引等，依法作出认定。

（二）罪数问题

1. 关于欺诈发行证券罪与违规披露、不披露重要信息罪的罪数问题。公司、企业利用相同的虚假财务数据，先后实施欺诈发行证券行为与违规披露、不披露重要信息行为，属于实施了两个违法行为，分别构成犯罪的，应当同时以欺诈发行证券罪和违规披露、不披露重要信息罪追究刑事责任。

2. 关于欺诈发行证券罪与行贿犯罪的罪数问题。《关于公安机关管辖的刑事案件立案追诉标准的规定（二）》（以下简称“立案追诉标准”）第五条第八项规定，为欺诈发行证券向负有金融监管职责的单位或者人员行贿，应当立案追诉。本项规定应作如下理解：具有客观行贿事实即符合本罪的立案追诉条件，行贿行为同时构成犯罪的，应当数罪并罚。

（三）多项立案追诉标准是否有先后适用顺序，符合多项标准的是否必须全部查明

1. 立案追诉标准规定的多项标准是并列适用的关系，在适用上有准确选择的要求，但没有优先、劣后之分，达到其中一项标准的就应予立案追诉。其中，第十项兜底条款在适用上虽应慎重把握，但与同条款的其他规定仍属并列适用关系。

2. 财务造假犯罪由于财务指标互相关联，犯罪行为往往同时符合几种追诉标准，对此从法律和道理上讲，应当依法全部查明，以便全面评价犯罪情节和危害后果。

（四）如何认定“直接经济损失”

立案追诉标准对欺诈发行证券罪与违规披露、不披露重要信息罪均规定“造成投资者（股东、债权人或者其他人）直接经济损失数额累计在100万元以上的，应予立案追诉”。对此，相关虚假陈述侵权民事赔偿案件已有生效判决的，可以参照民事判决对直接经济损失作出认定；直接经济损失数额难以准确计算的，应当依法委托专门机构出具测算报告后予以审查认定。

（五）如何把握“情节特别严重”的升档标准

立案追诉标准规定的定罪量刑情节大致可以分为数额、比例及其他情形三种。对于数额，可按司法实践通行的五倍关系把握刑罚升档标准。对于立案追诉标准规定的比例、其他情形的升档标准，因不同造假主体的规模体量差异较大，可按罪责刑相适应原则并结合常情常理，在个案当中积极探索，积累认定经验。

（六）关于支持证券纠纷代表人诉讼的问题

财务造假犯罪危害严重，应当坚持刑事、行政、民事立体化追责。检察机关支持证券纠纷代表人诉讼，有关方面提出复制材料等协助请求的，应当依法配合。

（七）公司、企业违反规定在账目上作跨期确认，但涉案交易真实存在的，如何处理

公司、企业违反《企业会计准则——基本准则》《企业会计准则第8号——资产减值》《企业会计准则第14号——收入》等的规定，跨期确认收入、跨期确认成本以及跨期确认应当计入当期利得或损失等情形，属于财务造假行为，构成犯罪的，应当依法追究刑事责任。涉案交易真实存在的，可以作为量刑情节予以考虑。

（八）涉案人员的分层分类处理问题

财务造假犯罪层级多、链条长，涉及的公司、企业人员也较多，对此应坚持分层分类处理。

1. 公司、企业的控股股东、实际控制人，董事、监事，总经理、副总经理、财务负责人、董事会秘书等高级管理人员，实施或组织实施财务造假行为，或者签字确认明知虚假的信息披露文件的，应当以欺诈发行证券罪或者违规披露、不披露重要信息罪依法追究刑事责任。上述人员是否明知，应当根据其对公司、企业的控制权、决策权以及具体管理职责等，综合认定。

2. 公司、企业体系内的中层负责人或者一般工作人员，在财务造假行为中负有部分组织责任或者积极参与起较大作用的，应当以欺诈发行证券罪或者违规披露、不披露重要信息罪依法追究刑事责任。对于受单位领导指派或者奉命参与实施一定犯罪行为的人员，作用不大的，一

般不宜作为直接责任人员追究刑事责任。

3. 单位或个人通过签订虚假交易合同、资金空转等手段，配合公司、企业实施财务造假行为，构成合同诈骗、虚开发票、逃税等犯罪的，应当依法追究刑事责任，同时成立财务造假犯罪共犯的，应当依照处罚较重的规定定罪处罚。单位或个人专门为公司、企业提供财务造假“一条龙”服务的，应当从严打击。

二、关于欺诈发行证券罪的问题

（九）本罪规定的债券有哪些

本罪规定的公司、企业债券，是指公司、企业依照法定程序发行、约定在一定期限还本付息的有价证券，既包括在交易所市场发行的债券，也包括在银行间市场发行的债券。在办案过程中，遇到新类型或不常见的债券，可在征求主管部门意见后，根据法律和行政法规规定的基本原理，按照“还本付息”这一债券的共同属性，依法作出认定。

（十）本罪立案追诉标准第二至四项规定的虚增或者虚减资产、营业收入、利润的占比，是按照发行文件披露的几个会计年度的总和计算，还是按照不同会计年度分别计算

发行股票或债券对企业财务指标有不同的要求，可以分为对最近几年每年财务指标的要求、对最近几年平均财务指标的要求和对最近一期财务指标的要求，发行文件对相应的财务指标均应作全面披露。根据立案追诉标准第二至四项的规定，比例计算的分子是“虚增或者虚减的资产、营业收入、利润”，分母是“当期资产总额、营业收入总额、利润总额”，发行文件中虚假披露的是最近几年每年财务指标的，分子、分母按照不同会计年度数据分别计算；虚假披露的是最近几年平均财务指标的，分子、分母按照披露的最近几个会计年度绝对金额的总数计

算；虚假披露的是最近一期或者期末财务指标的，分子、分母按照最近一个会计年度的数据计算。

（十一）本罪立案追诉标准第五项“隐瞒或者编造的重大诉讼、仲裁、担保、关联交易以及其他重大事项所涉及的数额或者连续十二个月的累计数额达到最近一期披露的净资产50%以上的”，不同类型重大事项是单独计算还是合并计算，最近一期披露的净资产是指哪一期

该项以重大事项违规披露数额与净资产的比例为立案追诉标准，分子、分母的计算应注意：

1. 分子：为隐瞒或者编造重大事项的数额，采用“先并后合”的方法计算。“先并”指重大诉讼、担保、仲裁、关联交易以及其他重大事项所涉及的数额应当合并计算，“后合”指任意连续十二个月未按照规定披露的重大事项所涉及的数额应当累计计算，可跨不同会计年度。

2. 分母：为最近一期披露的净资产，“最近一期”指发行文件披露当期。发行上市阶段要求披露的信息是为了让投资者了解公司、企业发行时经营状况，为投资决策提供参考，重大事项对投资者决策的影响也应体现为对发行当时企业生产、经营的影响，因此以重大事项所涉数额占发行当期净资产的比例认定情节严重程度。

三、关于违规披露、不披露重要信息罪的问题

（十二）本罪立案追诉标准第五项“未按照规定披露的重大诉讼、仲裁、担保、关联交易以及其他重大事项所涉及的数额或者连续十二个月的累计数额达到最近一期披露的净资产50%以上”如何理解，是否应当按照临时披露义务、定期披露义务分别计算

根据《证券法》第七十九条、第八十条、第八十一条的规定，依

法负有信息披露义务的公司、企业对重大诉讼、仲裁、担保、关联交易等重大事项，负有临时报告、定期报告双重信息披露义务。因此，对于临时披露重大事项违规比例、定期披露重大事项违规比例应当分别计算，其中一个比例达到该项标准的就应当立案追诉。

1. 关于临时披露重大事项违规比例的计算。发生可能对证券交易价格产生重大影响的重大事项，公司、企业应当及时披露。对于违反该临时披露义务的，违规比例计算方法为：分子采用“先并后合”的方法，先将未按规定披露的重大诉讼、担保、仲裁、关联交易以及其他重大事项所涉及的数额合并计算，后将任意连续十二个月未按照规定披露的重大事项所涉及的数额累计计算，可跨不同会计年度；分母采用连续十二个月最后一笔未按照规定披露重大事项往前最近一期年度报告披露的净资产。

需要注意的是，关于分子，对于单笔重大事项未达临时披露标准，多笔重大事项累计达到临时披露标准的（按照交易所业务规则，诉讼、仲裁、担保、关联交易等重大事项，按不同类型分别累计至一定数额的应当临时披露），以累计至披露标准的当次应当披露的数额计入分子。关于分母，由于交易所业务规则规定重大事项是否应当临时披露，一般以占最近一期经审计数额的比例为标准，因此分母选取经审计的年度报告，不选取中期报告。

2. 关于定期披露重大事项违规比例的计算。定期披露文件应当对当期的诉讼、仲裁、担保、关联交易等重大事项进行完整披露。对于违反该定期披露义务的，违规比例计算方法为：分子采用当期披露文件未按规定披露的诉讼、仲裁、担保、关联交易等重大事项所涉及的合并数额；分母采用当期披露文件披露的净资产。

（十三）本罪的追诉时效问题

1. 伪造财务数据后又实施虚假平账行为的，该虚假平账行为是财务造假行为的一部分，追诉期限从虚假平账行为终了之日起计算。

2. 公司、企业违规不披露重要信息，违法行为有继续状态的，继续状态结束之日为行为终了之日，追诉期限从该日起计算。

四、关于中介组织及其人员犯罪的问题

（十四）关于定罪问题

中介组织及其人员故意提供虚假证明文件，情节严重的，以提供虚假证明文件罪追究刑事责任，其同时参与财务造假行为成立财务造假犯罪共犯的，应当依照处罚较重的规定定罪处罚。中介组织及其人员在履行职责过程中严重不负责任，出具的证明文件有重大失实，造成严重后果的，以出具证明文件重大失实罪依法追究刑事责任。

（十五）关于严重不负责任的认定问题

办理中介组织及其人员犯罪案件，如何认定严重不负责任是经常遇到的问题。所谓严重不负责任，一般指不遵守规定或能为而不为，不同性质的中介组织因职责各异而有不同的判断标准。以会计师事务所的审计人员为例，目前既有案例的认定标准主要有以下几种情形：未按审计准则履行必需的审计程序；一般审计人员能够正常发现的问题而未发现；未开展审计工作而直接签字确认审计结论等。实际办案不能囿于既往认定情形，具体认定标准要保持必要的开放性，以制衡越来越隐蔽的犯罪手法和行为人越来越强的反侦查能力；同时还应注意到，严重不负责任背后往往隐藏有利益关联或利益输送行为，对此应当坚持深挖彻查、全面打击。

（来源：最高人民检察院官网）

指导案例、典型案例与解读

依法严惩危害食用农产品安全犯罪典型案例

（2024年9月25日最高人民法院、最高人民检察院发布）

目　录

案例一

孙某结等生产、销售有毒、有害食品案

——使用工业用甲醛溶液浸泡银鱼并销售

【简要案情】

2018 年至 2021 年 3 月，被告人孙某结在某农产品批发市场摊位销售银鱼。为使其所销售的银鱼能够在常温下存放更长时间，孙某结在明知工业用甲醛对人体有毒、有害的情况下，使用工业用甲醛溶液浸泡银鱼，并将泡好的银鱼销售给江苏省昆山市等地商贩，销售金额共计 129 万余元。2020 年以来，孙某结雇用被告人刘某军来其摊位帮忙，从事使用工业用甲醛溶液浸泡银鱼等工作，刘某军参与销售金额共计 67 万余元。经昆山市食品质量检测中心检验，孙某结销售的银鱼中均检出工业用甲醛成分。

【诉讼过程】

江苏省昆山市人民检察院以生产、销售有毒、有害食品罪对被告人孙某结、刘某军提起公诉。昆山市人民法院经审理，认定被告人孙某结、刘某军在生产、销售的食品中掺入有毒、有害的非食品原料，其行为均已构成生产、销售有毒、有害食品罪。二人销售金额分别达 129 万余元和 67 万余元，均属有其他特别严重情节，应依法惩处。在共同犯罪中，孙某结系主犯，刘某军系从犯，对刘某军可依法减轻处罚。二被告人均认罪认罚，依法可从宽处理。据此，以生产、销售有毒、有害食品罪分别判处被告人孙某结有期徒刑十一年，并处罚金人民币三百万元；判处被告人刘某军有期徒刑五年，并处罚金人民币二十万元。

【典型意义】

本案所涉工业用甲醛被列入国务院有关部门发布的《食品中可能违法添加的非食用物质名单》，属于刑法第一百四十四条规定的“有毒、有害的非食品原料”。人体长期处于甲醛浓度较高的环境中，可能出现头晕、头痛、流泪、恶心呕吐等症状，严重的可能导致白血病。35%—40%的甲醛水溶液即人们所熟知的福尔马林溶液。福尔马林溶液具有防腐、消毒和漂白的功能，在医学上被用于外科器械、手套、污染物的消毒，也被用作保存解剖标本的防腐剂。不法分子正是利用甲醛水溶液的防腐特点，使用甲醛水溶液浸泡水产品，以达到防腐保鲜的效果。较高浓度工业用甲醛溶液浸泡的水产品一般会有刺激性气味，表面坚硬，缺少光泽，口感生涩，缺少鲜味，广大消费者可以通过观察外观、嗅闻气味、触摸质地等方式进行识别，避免购买或食用工业用甲醛溶液浸泡过的有毒、有害水产品。

案例二

顾某国非法经营，潘某栋等销售有毒、有害食品案

——非法屠宰和销售生猪，检出“瘦肉精”

【简要案情】

2018年5月至2022年7月，被告人顾某国购入未经检验、检疫的生猪，并违反国家规定，在家中私设屠宰场非法从事生猪屠宰、销售活动，非法经营数额102万余元，违法所得数额9万余元。其中，2022年7月5日至6日，顾某国分两次将非法屠宰的两头生猪销售给被告人潘

某栋，销售金额共计 7480 元。潘某栋将从顾某国处购买的猪肉部分销售给被告人李某卫，部分面向社会销售，销售金额共计 7820. 44 元。李某卫将从潘某栋处购买的猪肉在其门市进行销售，销售金额共计 2065 元。经河北省食品检验研究院等部门检验，从顾某国、潘某栋、李某卫处查获的猪肉中均检出沙丁胺醇成分。

【诉讼过程】

河北省泊头市人民检察院分别以非法经营罪、销售有毒、有害食品罪对被告人顾某国、潘某栋、李某卫提起公诉，并提起刑事附带民事公益诉讼。泊头市人民法院经审理，认定被告人顾某国违反国家规定，未经许可私设屠宰场，非法从事生猪屠宰、销售经营活动，情节特别严重，其行为已构成非法经营罪；被告人潘某栋、李某卫明知是掺有有毒、有害的非食品原料的食品而销售，其行为均已构成销售有毒、有害食品罪。三被告人均有自首情节并登报道歉，潘某栋、李某卫还支付惩罚性赔偿金，可以从轻处罚。附带民事公益诉讼部分已经法院调解结案。据此，以非法经营罪判处被告人顾某国有期徒刑五年四个月，并处罚金人民币十万元；以销售有毒、有害食品罪分别判处被告人潘某栋有期徒刑七个月，缓刑一年六个月，并处罚金人民币一万元，判处被告人李某卫有期徒刑六个月，缓刑一年，并处罚金人民币六千元；禁止潘某栋、李某卫在缓刑期间从事猪肉销售活动。

【典型意义】

沙丁胺醇是“瘦肉精”的一种。农业农村部于 2019 年 12 月发布的第 250 号公告《食品动物中禁止使用的药品及其他化合物清单》列出的“β-兴奋剂类及其盐、脂”，就是指“瘦肉精”类物质。涉“瘦肉精”犯罪屡禁不止，一方面是因为养殖户法治观念薄弱，为逐利铤而走险，另一方面也与畜禽非法屠宰、销售脱离监管密切相关。本案就是一起不法分子私设屠宰场非法屠宰并销售未经检验、检疫的生猪，导致含有“瘦肉精”的猪肉流向市场的典型案件。司法机关不仅对销售含“瘦肉精”猪肉的潘某栋、李某卫定罪处罚，还以非法经营罪对非法屠宰和销售未经检验、检疫的生猪的顾某国定罪处罚，有效打击了有毒、有害食品流入市场的源头。根据《最高人民法院、最高人民检察院关于办理危害食品安全刑事案件适用法律若干问题的解释》（法释〔2021〕24号）第十条的规定，潘某栋、李某卫长期从事猪肉经营活动，不依法履行食品安全保障义务，从私人屠宰点违法购买无检验检疫合格证明的猪肉对外销售牟利，致使含有“瘦肉精”的猪肉流入市场，依法认定该二人具有主观明知。本案也提醒广大消费者，要从正规的市场和途径购买畜禽肉类及其制品，还要注意查验相关肉类是否有检验、检疫合格标识。

案例三

李某钦生产、销售伪劣产品案

——生产、销售兽药残留超标的三黄鸡

【简要案情】

被告人李某钦在某家禽养殖场养殖三黄鸡。2021 年 8 月 6 日至 10 月 18 日，李某钦给三黄鸡每日喂食某品牌中期配合饲料 861（该饲料含有抗球虫药物尼卡巴嗪）。同年 10 月 11 日至 17 日，李某钦未执行饲料标签上明示的休药期 5 日的规定，分 6 次向某禽业专业合作社销售尚在用药期的三黄鸡 9700 羽，净重 11592 千克，销售金额共计 15 万余元。温州市农业农村局对上述养殖场内的三黄鸡进行检验，其中尼卡巴嗪残留量为 686μg/kg，超过 GB 31650—2019《食品安全国家标准 食品

中兽药最大残留限量》规定的尼卡巴嗪 200μg/kg 的最大残留量标准，检验结论为不合格。

【诉讼过程】

浙江省温州市鹿城区人民检察院以生产、销售伪劣产品罪对被告人李某钦提起公诉。温州市鹿城区人民法院经审理，认定被告人李某钦生产、销售兽药残留超标的食用农产品，销售金额 15 万余元，其行为已构成生产、销售伪劣产品罪。李某钦具有自首情节，认罪认罚，对其依法从轻处罚。据此，以生产、销售伪劣产品罪判处被告人李某钦有期徒刑一年，缓刑一年六个月，并处罚金人民币八万元。

【典型意义】

为防治鸡球虫病，兽药尼卡巴嗪被允许在商品饲料中添加使用。李某钦在饲养、销售三黄鸡过程中，没有执行饲料说明书上关于兽药尼卡巴嗪休药期的规定，将尚在用药期的三黄鸡予以出栏销售，导致流入市场的三黄鸡中兽药尼卡巴嗪残留量超过食品安全标准限量。根据刑法相关规定，依法应以生产、销售伪劣产品罪定罪处罚。三黄鸡是老百姓餐桌上常见的禽类农产品，禽类养殖业的从业人员应当严守底线，尽到科学谨慎饲养的注意义务，确保食用农产品安全。司法机关在依法精准打击犯罪的同时，建议相关行政部门对市场端开展兽药残留排查行动，推动相关行政部门将尼卡巴嗪等兽药纳入畜禽类农产品日常检验范畴、对生产端开展养殖户走访、加强用药知识培训指导，形成保障食用农产品安全的合力，牢牢守护人民群众“舌尖上的安全”。

案例四

陈某辉等生产、销售有毒、有害食品案

——生产、销售染色小黄鱼

【简要案情】

2022年1月，上海市公安机关联合市场监督管理局开展生产、销售有毒、有害食品清查整治专项行动，查获被告人陈某辉等28名经营小黄鱼的个体工商户。经查，陈某辉等28名个体工商户为提升小黄鱼外观鲜度、增加销量，明知“黄粉”被禁止在食品中添加，仍使用“黄粉”溶液将小黄鱼浸泡染色后对外销售。市场监管部门在陈某辉店铺查获染色小黄鱼54.41千克，在其他涉案人员处查获染色小黄鱼115.167千克、“黄粉”744克、“黄粉”溶液15桶。经检验机构检验，上述小黄鱼、“黄粉”、“黄粉”溶液中均检出国家禁止在食品中添加的碱性橙Ⅱ成分。

【诉讼过程】

上海铁路运输检察院以生产、销售有毒、有害食品罪先后对被告人陈某辉等11人提起公诉。对犯罪情节轻微不需要判处刑罚的另外17人作不起诉处理。上海铁路运输法院经审理，认定被告人陈某辉等人在生产、销售的食品中掺入有毒、有害的非食品原料，其行为均已构成生产、销售有毒、有害食品罪。各被告人分别具有自首、坦白情节，依法可从轻处罚。据此，以生产、销售有毒、有害食品罪分别判处陈某辉等11名被告人一年至六个月不等有期徒刑，适用缓刑，并处人民币四千元至一千元不等罚金。同时，上海铁路运输检察院通过提起刑事附带民事公益诉讼以及诉前磋商的方式，要求上述11名被告人承担惩罚性赔偿责任并向社会公开赔礼道歉，均已履行到位。

【典型意义】

小黄鱼肉质鲜嫩、营养丰富，是深受广大消费者喜爱的水产品。一些不法商贩为了提升小黄鱼的外观新鲜度，在生产、销售过程中非法添加含有碱性橙Ⅱ成分的物质。碱性橙Ⅱ是一种工业染料，而非食用色素，过量摄入或皮肤接触会导致急性、慢性中毒，已被列入国务院有关部门发布的《食品中可能违法添加的非食用物质名单》，属于国家禁止添加的“有毒、有害的非食品原料”。在小黄鱼中非法添加碱性橙Ⅱ并销售的行为，构成生产、销售有毒、有害食品罪。案件办理中，司法机关依托行刑衔接机制，及时建议行政主管部门移送犯罪线索，全链条溯源追查“黄粉”原料提供者和其他染色小黄鱼销售者。同时，对犯罪情节轻微、不予追究刑事责任的涉案人员反向移送，建议行政主管部门给予行政处罚，形成打击闭环。司法机关还积极促推综合治理，督促农贸市场完善食品安全管理制度，及时与经营户签订食品安全承诺书，设置群众举报、维权联络点，加大日常巡查力度。同时，充分运用法庭教育和法治节目开展警示教育和普法宣传，引导食品经营者知法守法，严格落实食品安全责任，并提醒广大消费者通过观察鱼腹、鱼唇颜色或用纸巾擦拭黄鱼表面等方式辨别染色小黄鱼。

最高人民法院、最高人民检察院相关部门负责人就联合发布依法严惩危害食用农产品安全犯罪典型案例答记者问

问：请介绍一下最高人民法院、最高人民检察院发布依法严惩危害食用农产品安全犯罪典型案例的背景。

答：为贯彻落实习近平总书记关于食品安全“四个最严”要求，最高人民法院、最高人民检察院会同农业农村部等七部门自2021年6月起，开展为期三年的“治违禁、控药残、促提升”专项行动，重点治理农药兽药残留超标、违法使用禁限用物质等严重危害食用农产品安全问题，切实保障国家粮食安全和食用农产品质量安全。专项行动开展以来，最高人民法院、最高人民检察院坚持以习近平新时代中国特色社会主义思想为指导，全面贯彻习近平法治思想，坚决落实“四个最严”要求，充分履行审判职能、法律监督职能，依法严惩危害食用农产品安全犯罪，推动完善食品安全治理体系，取得了积极工作成效。

问：检察机关采取了哪些有效举措有力打击危害食用农产品安全犯罪？

答：全国各级检察机关认真贯彻落实习近平总书记关于食用农产品安全的重要批示精神，积极履行法律监督职能，依法严惩危害食用农产

品安全犯罪，积极参与社会综合治理，推进专项行动取得实效。

一是提高政治站位，切实加强专项行动组织领导。2021 年 6 月，最高人民检察院下发《关于检察机关贯彻落实〈食用农产品“治违禁控药残 促提升”三年行动方案〉的通知》，对检察系统开展专项行动作出专门部署，要求充分认识打击危害食用农产品安全犯罪的重要性，积极履行检察职能，依法严厉打击危害食用农产品安全犯罪行为。各地检察机关积极与当地农业农村等部门联合制发符合当地食用农产品监管特色的行动方案，积极部署开展专项行动。

二是强化司法办案，依法严惩危害食用农产品安全犯罪。全国检察机关充分运用批捕、起诉等职能，集中治理农兽药残留超标等严重危害食用农产品安全问题，始终保持对危害食用农产品安全犯罪的高压态势。三年来，全国检察机关共批准逮捕危害食品安全犯罪案件 4936 件 8593 人，起诉 18566 件，35015 人。其中，批准逮捕危害食用农产品安全犯罪案件 751 件 1530 人，起诉 1991 件 4545 人。综合运用自由刑、罚金刑、禁止令等组合量刑建议，确保罪责刑相适应，形成有力震慑。积极发挥法律监督职能，不断加大立案监督、侦查活动监督工作力度，建议行政执法机关移送涉嫌危害食用农产品安全犯罪案件 484 件 502 人，监督公安机关立案 148 件 172 人，纠正漏捕 90 人，纠正遗漏同案犯 208 人，纠正移送起诉遗漏罪行 66 人。最高人民检察院对重大疑难复杂、舆情高度关注的危害食用农产品安全犯罪案件挂牌督办，加强对下指导，回应社会关切。

三是主动融入综合治理，服务保障食用农产品安全大局。各地检察机关对案件中反映出的食品监管部门或涉案单位制度机制漏洞，有针对性地制发检察建议，强化类案监督，督促有关部门依法履职，建章立制，促进完善食品安全治理体系。加强法治宣传，充分运用“3·15”国际消费者权益日、“6·7”世界食品安全日等重要节点，通过召开新闻发布会、发布典型案例、专项行动情况通报等多种方式开展法律宣传活动，增进社会共识，营造维护食用农产品安全的良好社会氛围。

问：人民法院采取了哪些有力举措依法惩治危害食用农产品安全犯罪，取得了哪些成效？

答：全国各级人民法院高度重视危害食用农产品安全犯罪案件审理工作，充分发挥刑事审判职能，依法从严惩处使用禁限用药物、农兽药残留超标等相关犯罪，修订完善相关司法解释，为依法惩治相关犯罪提供法律保障，取得良好效果。

一是发挥审判职能作用，依法严惩危害食用农产品安全犯罪。全国法院严格落实“四个最严”要求，依法从严惩处危害食用农产品安全犯罪，对情节严重、影响恶劣的危害食用农产品安全犯罪坚决依法从重判处。同时，注重加大财产刑适用和执行力度，依法宣告禁止令，剥夺犯罪分子再犯的能力。三年来，一审审结危害食品安全犯罪案件共计16070件，其中涉及专项行动重点整治的11个品种食用农产品的案件共计1429件，有效惩处危害食用农产品安全犯罪。

二是深入调查研究，制定完善食品领域司法解释。2021年12月31日，《最高人民法院、最高人民检察院关于办理危害食品安全刑事案件适用法律若干问题的解释》发布，其中针对农药、兽药非法添加违法犯罪突出的情况，增加规定了“生产、销售添加禁用农药、食品动物中禁止使用的药品及其他化合物、禁止在饲料和动物饮用水中使用的药物等有毒、有害的非食品原料的农药、兽药、饲料、饲料添加剂、饲料原料，情节严重的，以非法经营罪定罪处罚”的内容，进一步严密刑事法网，为依法打击此类犯罪提供规范依据。2021年11月以来，最高人民法院还先后修订发布《最高人民法院关于审理食品药品纠纷案件适用法律若干问题的规定》，制定发布《最高人民法院关于审理食品药品惩罚性赔偿纠纷案件适用法律若干问题的解释》，切实保障人民群众合法权益。

三是加强对下指导，不断提升审判质效。最高人民法院通过发布典型案例、组织授课培训等多种形式，持续抓好食品相关司法解释的贯彻落实，有效提升全国法院审理食品安全领域案件的审判质效。2023年7月1日，法答网正式上线运行以来，全国各级人民法院积极开展对危害食用农产品安全犯罪疑难复杂问题的咨询答疑，一大批困扰审判一线的痛点难点问题得到及时解决。2023年9月，最高人民法院业务庭编辑出版总第135、136辑《刑事审判参考》（食品安全专辑），针对司法实践中常见争议类案，如豆芽添加兽药行为的定性、"注水肉"等案件的处理进行指引，并全面刊载有关食品安全立法、司法规范及其理解适用，为执法办案明确法律适用标准，统一裁判规则。2024年2月27日，人民法院案例库正式上线并面向社会开放，持续发布涉食用农产品刑事参考案例，有效指导审判实践，进一步促进法律正确统一适用。

问：最高人民法院、最高人民检察院此次发布的典型案例主要有哪些特点？

答：本次发布4件危害食用农产品安全的典型案例，分别为江苏孙某结等生产、销售有毒、有害食品案（使用工业用甲醛溶液浸泡银鱼并销售）；河北顾某国非法经营，潘某栋等销售有毒、有害食品案（非法屠宰和销售生猪，检出"瘦肉精"）；浙江李某钦生产、销售伪劣产品案（生产、销售兽药残留超标的三黄鸡）；上海陈某辉等生产、销售有毒、有害食品案（生产、销售染色小黄鱼）。本批案例主要有以下特点：一是聚焦老百姓餐桌上常见的食用农产品。猪肉、三黄鸡、小黄鱼等都是老百姓餐桌上的常见食材。人民群众对这类常见食用农产品安全关注度高，一旦出现安全问题，波及范围广，社会危害大。选取此类食用农产品作为典型案例，不仅能够有力震慑不法分子，同时也有利于普及食品安全常识，提升老百姓的食品安全意识。二是彰显司法机关对危害食用农产品安全犯罪依法严惩的坚决态度。司法机关对情节严重、影响恶劣的危害食用农产品安全犯罪不仅依法判处重刑，同时注重加大财产刑适用和执行力度，依法宣告禁止令，剥夺犯罪分子的再犯能力。江苏办理的孙某结生产、销售有毒、有害食品案，销售金额达 129 万余元，孙某结在被判处有期徒刑十一年的同时，还被判处销售金额两倍以上的罚金共计 300 万元，在经济上受到严惩。三是打击犯罪的同时深入推动社会综合治理。浙江办理的李某钦生产、销售伪劣产品案，建议行政主管部门对市场端开展兽药残留排查行动，推动相关行政机关将尼卡巴嗪等兽药纳入禽畜类农产品日常检测范畴，形成保障食用农产品安全的合力。上海办理的陈某辉等人生产、销售有毒、有害食品案，一方面，对犯罪情节轻微、不予追究刑事责任的涉案人员反向移送，建议行政主管部门给予行政处罚，形成打击闭环；另一方面，督促农贸市场完善食品安全管理制度，加大监督管理力度。

问：下一步最高人民法院、最高人民检察院在打击危害食用农产品安全犯罪方面有哪些打算？

答：专项行动虽已结束，但打击危害食用农产品安全犯罪、维护老百姓“舌尖上安全”的职责使命永远在路上。下一步，最高人民法院、最高人民检察院将继续全面贯彻落实习近平总书记重要批示精神和党中央决策部署，严格落实“四个最严”要求，充分运用法治力量，切实保障人民群众生命健康安全。一是依法严惩危害食用农产品安全犯罪。继续巩固提升专项治理行动的成果，始终保持打击违法使用禁限用药物和常规农兽药残留超标等犯罪的高压态势。二是进一步健全完善食用农产品安全领域行刑衔接机制。加强与农业农村、市场监管、公安等相关部门的协调配合，完善行刑衔接机制，提升打击合力，进一步推动完善食用农产品安全监管和违法犯罪打击体系。三是积极参与食用农产品安全综合治理。充分发挥审判和法律监督职能作用，积极开展法治宣传，加大以案释法力度，结合办案工作制发司法建议、检察建议，适时发布典型案例，推动形成全社会共治氛围。

（来源：最高人民检察院官网）

最高人民检察院

关于印发最高人民检察院第五十三批指导性案例的通知

（2024 年 4 月 23 日）

各省、自治区、直辖市人民检察院，解放军军事检察院，新疆生产建设兵团人民检察院：

经 2024 年 1 月 30 日最高人民检察院第十四届检察委员会第二十四次会议决定，现将“尹某某等人诈骗立案监督案”等五件案例（检例第 213—217 号）作为第五十三批指导性案例（立案和侦查活动监督主题）发布，供参照适用。

尹某某等人诈骗立案监督案

（检例第 213 号）

【关键词】

立案监督　刑民交叉　虚假诉讼　调查核实　跟踪督促　线索移送

【要旨】

对于刑民交叉案件，被害人以涉嫌刑事犯罪向公安机关举报，公安机关不予立案的，人民检察院应当区分情形开展立案监督工作。对确有犯罪嫌疑的监督线索，应当依法充分运用各种手段调查核实。对于重大复杂监督立案案件，应当加强与公安机关的协作配合，持续跟踪督促，对证据收集、事实认定、案件定性等提出意见建议。

【基本案情】

被告人尹某某，男，1966 年 7 月出生，桂林甲公司法定代表人、董事长。

被告人覃某某，男，1960 年 12 月出生，桂林乙公司法定代表人。

被告人申某某，男，1964 年 12 月出生，个体工商户。

其他被告人基本情况略。

2007 年 5 月，尹某某与由覃某某担任法定代表人的桂林乙公司商定合作开发商住楼项目，同时尹某某、申某某等人以挂靠的第三方公司名义承建了该商住楼的地基桩工程。2008 年 1 月，因桂林乙公司与某银行存在借贷纠纷，经广西壮族自治区高级人民法院调解，并指定来宾市中级人民法院依法组织了对商住楼土地的司法拍卖。为阻止司法拍卖，尹某某、覃某某及乙公司法律顾问全某某商议后，伪造工程资料，将 907 万元的地基桩工程造价虚增至 4191 万余元，并以挂靠公司名义向桂林市中级人民法院提起诉讼，后获法院判决确认。随后，尹某某等人以法律规定建设工程价款应优先受偿为由，向桂林市中级人民法院申请强制划扣拍卖款，致使某银行通过司法拍卖实现债权的目的无法实现。后经该银行和买受人申请，来宾市中级人民法院裁定撤销拍卖成交结果并终止执行。

2013 年 1 月，桂林乙公司股权结构发生变化，新入资公司成为控股公司，覃某某不再作为公司控股人和法定代表人。后尹某某、申某某等人以挂靠公司名义，多次向法院申请强制执行，要求查封拍卖桂林乙公司涉案项目土地，执行判决虚增工程款本息。同时还实施了阻止新项目进场施工、聚集民工闹访等行为。至 2016 年 7 月，法院先后执行工程款、违约金及逾期利息合计4729万余元，另有3427万余元逾期利息因案发未得逞。同时，受民事诉讼、查封拍卖影响，与涉案土地相关的下岗职工安置、房屋产权登记等陷入停滞。

【检察机关履职过程】

（一）线索发现。2016年8月31日，桂林乙公司向桂林市人民检察院提出监督立案申请，称尹某某等人多次以伪造公章、虚增地基桩工程量等方式骗取其工程款，已构成犯罪，但该公司自2012年5月起多次向公安机关举报，公安机关均不予立案，请求检察机关监督立案。

（二）调查核实。本案相关民事案件经一审、申请再审、民事抗诉等多个诉讼环节，时间跨度长，但申请人提供的工程资料、民事诉讼材料不齐全，且涉案地基桩因规划变更被挖除，无法据以认定真实工程量，导致检察机关在审查判断当事人的立案监督申请是否成立时面临困难。为依法准确监督履职，桂林市人民检察院开展了以下调查核实工作。一是听取申请人及其代理律师意见，核实工程建设、工程款支付情况，了解相关民事诉讼及强制执行过程。二是询问公安机关工作人员，了解到未予立案侦查的理由，系认为该案事实与人民法院生效民事判决属于同一法律事实，且人民检察院未通知公安机关立案。三是调取民事诉讼卷宗材料和相关公司印章、地基桩设计图、施工合同、抽样质检报告、工程结算单等，比对发现原民事案件存在伪造桂林乙公司印章和工程结算单等行为。四是调取原地质、水文勘测资料、渣土运输审批记录等书证；询问勘测工程师、承运渣土司机等相关施工人员；实地勘测工程现场和倾倒渣土现场，排除因溶洞、地下暗河导致的工程量超出计划工程量的可能，发现尹某某等人有虚增工程量及相关土石方附属工程量行为。五是委托相关专业机构对实际工程量和工程造价进行鉴定，核实尹某某等人在民事案件中诉请的工程款存在远超实际工程造价的情况。

（三）监督立案。2016年12月14日，桂林市人民检察院向桂林市公安局发出《要求说明不立案理由通知书》。12月19日，桂林市公安局回复《不立案理由说明书》称尹某某等人诈骗一案与生效民事判决的案件属于同一法律事实，没有犯罪事实发生。

桂林市人民检察院审查后认为，根据已有证据材料能够证明尹某某等人通过虚增地基桩工程量，获得法院判决确认后，通过申请强制执行获取虚增工程款，数额特别巨大，涉嫌构成诈骗犯罪，公安机关不立案理由不能成立。同日，桂林市人民检察院向桂林市公安局发出《通知立案书》，并将调查核实取得的证据材料一并移送公安机关。12 月 29 日，公安机关依法对尹某某等人涉嫌诈骗罪立案侦查。

（四）跟踪督促。公安机关立案侦查后，桂林市人民检察院加强与公安机关的协作配合，跟踪督促案件办理情况并及时提出侦查取证意见。一是督促公安机关依照法定程序，对检察机关调查核实所获取的证人证言、被害人陈述、书证等证据材料予以收集固定。二是与公安机关建立关键信息实时共享、重要证据实时联络、重要节点实时会商的协作配合机制，密切跟踪侦查取证进展情况，发现需要补充证据的，列明取证提纲并督促公安机关及时完成取证工作。公安机关根据检察机关意见和会商形成的侦查取证方案，依法搜查获取能够证明真实地基桩工程量的关键书证，查明尹某某伙同覃某某、申某某、全某某等人共同实施诈骗犯罪的事实。三是持续跟踪督促公安机关深挖彻查犯罪线索，最终查明覃某某、尹某某、申某某、全某某等人涉嫌实施诈骗、虚假诉讼、寻衅滋事、行贿、集资诈骗、挪用资金等 6 个罪名 18 起违法犯罪事实，涉案金额高达 4 亿余元，并涉嫌构成恶势力犯罪集团。

（五）移送职务犯罪线索。针对该系列案件中存在的股权变更、土地解封、抵押手续异常等问题，桂林市人民检察院经分析研判，认为可能存在国家机关工作人员职务违法犯罪嫌疑，遂向纪检监察机关和检察机关职务犯罪侦查部门移送了相关线索。

（六）监督结果。2018 年 6 月起，桂林市人民检察院分批对覃某某、尹某某、申某某、全某某等人提起公诉。经依法审理，桂林市中级人民法院判决认定被告人覃某某、尹某某、申某某、全某某等人长期利用建设项目腐蚀拉拢国家机关工作人员，通过资本运作、弄虚作假、缠访闹访和暴力、软暴力手段攫取非法利益，属于恶势力犯罪集团，分别构成诈骗罪、集资诈骗罪、行贿罪、挪用资金罪、寻衅滋事罪、虚假诉讼罪等罪名，被判处无期徒刑至有期徒刑十年刑罚。一审判决后，部分被告人提出上诉。2021 年 9 月，二审法院裁定驳回上诉、维持原判。同时，有 4 名审判人员因受贿罪被判处有期徒刑并处罚金，相关行政机关工作人员受到党政纪处分。

刑事判决后，人民法院撤销因虚假诉讼产生的民事判决，解封被查封土地、房产，桂林乙公司挽回经济损失 6 亿余元、止损 4 亿余元；900 余名购房户的产权证得以办理，400 余名下岗职工安置工作得以推动解决。

【指导意义】

（一）对于刑民交叉案件，应当遵循“先刑后民”原则，区分不同情形开展立案监督工作。公安机关以涉嫌刑事犯罪的案件与人民法院作出生效裁判文书的民事案件属于同一事实或者有牵连关系为由不予立案，当事人申请监督立案的，检察机关应当进行全面审查，准确把握实质法律关系。经审查认为民事案件与涉嫌犯罪案件系同一事实，全案不属于民事案件而涉嫌刑事犯罪，或者民事案件与涉嫌犯罪案件虽不是同一事实但有牵连关系，部分涉嫌刑事犯罪，需要追究刑事责任，符合立案条件的，应当依法监督公安机关立案侦查；认为没有犯罪事实发生，或者犯罪情节轻微不需要追究刑事责任，或者具有其他依法不需要追究刑事责任的情形，不符合立案条件的，依法答复申请人。既要防止和纠正以刑事手段插手经济纠纷，也要注意避免以经济纠纷为由放纵刑事犯罪。

（二）开展立案监督，应当依法调查核实。在对监督事项、监督线索调查核实中，可以在不限制被调查对象人身、财产权利的情况下，依法运用讯问、询问、听取意见、勘验、检查、鉴定以及调取、查询、复制相关文书卷宗材料等手段，夯实事实和证据基础。

（三）对于监督立案的重大复杂案件，应当持续跟踪督促侦查取证工作。要通过重大疑难案件听取意见、案件会商、法律咨询等方式，就证据收集、事实认定、案件定性等提出必要、明确、可行的意见建议，推动公安机关及时依法收集、固定、转化检察机关调查核实获取的证据材料，切实提升侦查办案质效。

【相关规定】

《中华人民共和国刑法》第二百六十六条

《中华人民共和国刑事诉讼法》（2012 年修正）第一百一十一条（现适用 2018 年修正后《中华人民共和国刑事诉讼法》第一百一十三条）

《人民检察院刑事诉讼规则（试行）》（高检发释字〔2012〕2 号，2013 年 1 月 1 日起施行）第五百五十二条、第五百五十三条、第五百五十四条、第五百五十五条、第五百五十七条、第五百五十八条、第五百五十九条、第五百六十条（现适用 2019 年修订的《人民检察院刑事诉讼规则》第五百五十七至五百六十一条、第五百六十三条、第五百六十四条）

《最高人民检察院、公安部关于刑事立案监督有关问题的规定（试行）》（高检会〔2010〕5 号，2010 年 10 月 1 日起施行）第四条、第五条、第七条、第八条、第九条

办案检察院：广西壮族自治区桂林市人民检察院

承办检察官：孙炳良、邓盛文、赵志奇、赵婕

案例撰稿人：汪俊辉、傅大富、孙炳良、赵志奇

郭某甲、林某甲拒不执行判决、裁定立案监督案

（检例第 214 号）

【关键词】

立案监督　检察一体　调查核实　移送线索　破解“执行难”

【要旨】

对情节严重的拒不执行判决、裁定的被执行人，人民检察院要充分履行法律监督职责，加强线索移送、监督立案、批捕起诉工作，依法及时追究刑事责任。在开展民事执行活动监督工作中，要注意发现、移送涉嫌拒不执行判决、裁定犯罪线索。对转移财产型拒不执行判决、裁定案件，要综合采取询问、查询、勘验、委托鉴定、调取证据材料等手段进行调查核实，查明被执行人是否存在隐藏、转移财产等行为，高质效开展立案监督。要综合运用检察建议、纠正违法、线索移送等手段，推动“执行难”问题的社会治理。

【基本案情】

被告人郭某甲，男，1964 年 8 月出生，无业。

被告人林某甲，女，1966 年 2 月出生，无业，系郭某甲之妻。

2011 年至 2012 年间，债权人林某乙陆续借给郭某甲、林某甲夫妇 214 万元。债务到期后，郭某甲、林某甲未能偿还借款及利息，被林某乙起诉至福建省福清市人民法院。经法院调解，郭某甲、林某甲承诺分期偿还借款本息，但始终未履行还款义务。2013 年 3 月 14 日，林某乙向福清市人民法院申请强制执行，后因当事人达成执行和解，福清市人民法院于 12 月 18 日终结本次执行程序。2014 年 3 月，林某乙因郭某甲、林某甲未履行执行和解协议，且发现林某甲有房产待拆迁，遂申请法院恢复执行。

2015 年 1 月 26 日，林某甲位于福清市某街道的房屋被福清市人民政府列入征收拆迁范围，随后在街道办事处组织下开展房屋面积和权属确认工作。其间，郭某甲、林某甲为隐藏、转移财产，让不知情的吴某甲持双方此前因借贷关系签订的房屋抵押条，与街道办事处签订征收拆迁补偿协议。

2015年6月23日，福清市人民法院作出查封该房屋、扣留征收拆迁补偿款的《执行裁定书》，同时向街道办事处发出《协助执行通知书》，要求其协助执行扣留、提取上述补偿款，并汇至法院执行账户。而街道办事处未履行协助执行义务，于同年7月28日将146万元房屋征收拆迁补偿款发放至吴某甲账户，吴某甲在扣除25万元债权后，将剩余的征收拆迁补偿款121万元汇入林某甲指定的银行账户。随后，郭某甲、林某甲将该账户内钱款全部予以转移，致使生效裁定无法执行。

【检察机关履职过程】

（一）线索发现。2019年4月12日，债权人林某乙以原民事案件历时6年仍未执行到位，福清市人民法院怠于执行为由，向福清市人民检察院申请监督。福清市人民检察院控告申诉检察部门受理后，经审查申请材料、听取林某乙诉求，认为该申请符合民事执行活动监督受理范围，移送民事检察部门办理。

（二）调查核实。因该案可能涉嫌构成拒不执行判决、裁定罪，为整合内部力量、提升监督质效，福清市人民检察院民事检察部门与检察侦查部门抽调人员联合成立专门办案组，经调卷审查、实地调查、走访行政部门后发现，郭某甲、林某甲在房产征收拆迁过程中，通过案外人吴某甲向街道办事处提交借条、抵押条等材料的方式，要求街道办事处将房屋征收拆迁补偿款直接汇给案外人吴某甲；同时，街道办事处未履行福清市人民法院《协助执行通知书》关于扣留征收拆迁补偿款的要求，将征收拆迁补偿款直接发放至吴某甲账户。

为进一步查清案件事实，办案组通过调取银行流水、查询公安户籍系统、询问相关人员等方式对相关款项的流向进行了深入调查，发现146万元征迁补偿款流入吴某甲账户后，有121万元汇出至郭某甲、林某甲实际控制、使用的他人账户，再从该账户汇转至周某某等十余名郭某甲、林某甲的亲友账户。调查中还发现，福清市人民法院执行人员在获知林某甲的征迁补偿款已被转移给吴某甲的情况下，未依法责令街道办事处相关责任人员限期追回财产，未将郭某甲、林某甲拒不执行判决、裁定的相关线索移送公安机关。

（三）监督意见。福清市人民检察院办案组调查期间，多次与刑事检察部门沟通案件情况，并共同就案件是否涉嫌拒不执行判决、裁定犯罪进行分析研判。2019 年 6 月 3 日，福清市人民检察院民事检察部门将犯罪线索书面移送刑事检察部门。刑事检察部门经审查后，向公安机关通报线索情况、移送证据材料，并持续跟踪督促公安机关及时立案侦查。

2019 年 6 月 26 日，福清市人民检察院向福清市人民法院发出检察建议，建议及时追回执行款；7 月 19 日，向街道办事处发出检察建议，建议针对征迁工作中的失职行为开展自查自纠，健全规章制度，强化法律意识，依法规范行政。

（四）监督结果。经福清市人民检察院依法监督，福清市公安局对郭某甲、林某甲涉嫌拒不执行判决、裁定罪一案立案侦查。2020 年 1 月，福清市人民法院以郭某甲、林某甲犯拒不执行判决、裁定罪，均判处二人有期徒刑一年六个月，二人未上诉。同时，福清市人民法院追回征收拆迁补偿款 146 万元发还林某乙，并更换执行承办人继续跟进后续执行情况。街道办事处认真开展自查自纠、健全相关管理制度。

【指导意义】

（一）发挥检察监督一体化优势，加强对拒不执行判决、裁定罪的立案监督工作。民事检察部门在开展民事执行活动监督工作中，要注意发现、移送涉嫌拒不执行判决、裁定犯罪线索。对转移财产型拒不执行判决、裁定的案件线索，刑事检察、民事检察等部门要协同加强对监督线索的调查核实，围绕被隐藏、转移财产的来源和具体走向等，综合采取询问、查询、勘验、委托鉴定、调取证据材料等手段，全面查明是否存在“有能力执行而拒不执行，情节严重”情形，高质效开展拒不执行判决、裁定罪的监督立案工作。

（二）充分履行法律监督职责，助力解决法院“执行难”问题。依法履行人民法院作出并已发生法律效力的判决、裁定，是被执行人的法定义务。以监督办案确保国家法律正确统一实施，是宪法法律赋予检察机关的重要职责。针对司法实践中突出存在的“执行难”问题，检察机关要加强对民事执行活动的法律监督，在督促人民法院依法开展执行工作的同时，对于违反法律规定，逃避裁判执行义务，情节严重的被执行人，要通过加强线索移送、监督立案、批捕起诉等履职办案工作，依法及时追究被执行人拒不执行判决、裁定的刑事责任，发挥刑罚的惩治、警示、教育作用，助力推动解决“执行难”问题，维护司法权威。

（三）能动、综合履行检察职能，推动“执行难”问题的社会治理。检察机关在办理拒不执行判决、裁定案件过程中，发现法院怠于履行执行职责的，可以以纠正违法、检察建议等方式监督纠正消极执行问题，督促法院及时追回执行款；发现行政机关有不当履职行为的，可以以社会治理检察建议方式督促依法行政，推动堵漏建制。

【相关规定】

《中华人民共和国刑法》第三百一十三条

《中华人民共和国刑事诉讼法》（2018 年修正）第一百一十三条

《中华人民共和国民事诉讼法》（2017 年修正）第二百一十条、第二百三十五条（现适用 2023 年修正后《中华人民共和国民事诉讼法》第二百二十一条、第二百四十六条）

《人民检察院刑事诉讼规则（试行）》（高检发释字〔2012〕2 号，2013 年 1 月 1 日起施行）第五百五十三条、第五百五十五条、第五百五十八条（现适用 2019 年修订后《人民检察院刑事诉讼规则》第五百

五十七、第五百五十九条、五百六十一条）

《人民检察院民事诉讼监督规则（试行）》（高检发释字〔2013〕3号，2013年11月18日起施行）第六十五条、第六十六条、第一百零二条（现适用2021年8月1日起施行的《人民检察院民事诉讼监督规则》第六十二条、第六十三条、第一百零四条）

《最高人民检察院、公安部关于刑事立案监督有关问题的规定（试行）》（高检会〔2010〕5号，2010年10月1日起施行）第四条、第五条、第七条、第八条、第九条

《人民检察院检察建议工作规定》（高检发释字〔2019〕1号，2019年2月26日起施行）第九条、第十一条

办案检察院：福建省福清市人民检察院

承办检察官：林直龙、倪明辉、郑跃、严碧花

案例撰稿人：潘森林、陈凯明、俞建功、傅冬凌

刘甲、刘乙恶势力犯罪集团侦查活动监督案

（检例第215号）

【关键词】

侦查活动监督　指定居所监视居住　排除非法证据　补充侦查

【要旨】

对指定居所监视居住期间的侦查活动，人民检察院应当依法加强监督，发现非法取证线索的，应当依法进行调查核实。对于非法获取的证据，经综合审查取证的方式、频次、后果等情节，认为达到使犯罪嫌疑人遭受难以忍受痛苦程度的，应当依法予以排除。非法证据排除后，需要进一步查清案件事实的，应当采取退回补充侦查、自行补充侦查等方

式，补充完善证据链条。

【基本案情】

被告人刘甲，男，1975年10月出生，江苏某投资贷款咨询有限公司法定代表人。

被告人刘乙，男，1980年11月出生，个体工商户。

被告人卢某某，男，1980年1月出生，无业。

其他被告人基本情况略。

2013年至2018年间，刘甲、刘乙分别纠集卢某某等人，在实施“套路贷”及高利放贷过程中，形成两个恶势力犯罪集团，有组织地多次实施敲诈勒索、非法拘禁、诈骗、寻衅滋事等违法犯罪活动，获取非法经济利益，在江苏省泰州市靖江地区为非作恶、欺压群众，扰乱社会秩序、经济秩序，造成恶劣社会影响。

2019年4月12日，公安机关对该案立案侦查；5月至6月间，先后对刘甲、刘乙、卢某某等人采取指定居所监视居住强制措施；8月至10月间，先后对刘甲、刘乙等人提请江苏省泰州医药高新技术产业开发区（以下简称高新区）人民检察院批准逮捕。

【检察机关履职过程】

（一）线索发现。2019年10月，在审查逮捕过程中，承办检察官发现卢某某供述前后矛盾，遂要求其说明理由，卢某某长时间沉默不语。后经检察官释法说理、耐心沟通，卢某某反映其在指定居所监视居住期间，曾遭受殴打及饥饿、疲劳讯问。

（二）调查核实。针对发现的侦查违法线索，高新区人民检察院开展了以下调查核实工作：一是根据卢某某反映的遭受殴打的时间、地点，调取并审查指定居所监视居住期间相应时段的录音录像，发现部分关键时段录像缺失。二是调取并审查全案指定居所监视居住期间录音录像，经与传讯通知书、讯问笔录进行比对，发现侦查人员存在较长时间内对犯罪嫌疑人连续疲劳讯问情况，违反了讯问应当保证犯罪嫌疑人必要休息时间的法律规定，并有违法使用戒具等情形。三是逐一讯问被指定居所监视居住的同案犯罪嫌疑人，详细了解饮食、休息等情况，刘甲、刘乙等人均反映存在长时间未保障必要饮食和休息等违法情形，发现有个别犯罪嫌疑人因长期未获得休息、饮食保障，身体健康状况受到严重影响。

（三）纠正侦查违法。经调查核实，高新区人民检察院认为，公安机关侦查活动存在严重违法，涉嫌刑讯逼供，依法应予以监督纠正：一是就疲劳审讯、饥饿审讯、违法使用戒具、连续传唤变相拘禁犯罪嫌疑人等问题制发《纠正违法通知书》，并当面向公安机关通报发现的问题，督促公安机关予以整改。二是依据《人民检察院刑事诉讼规则》第三百四十一条规定，要求公安机关及时更换侦查人员，重新开展相关侦查取证工作。三是将侦查人员涉嫌刑讯逼供的线索材料移送泰州市人民检察院，并提出初步研判和分析意见。

（四）排除非法证据。根据非法证据排除的相关法律规定，高新区人民检察院认为侦查人员在指定居所监视居住期间采取了违法使用戒具等暴力方法，以及饥饿、疲劳审讯等变相肉刑的恶劣手段，使犯罪嫌疑人遭受难以忍受的痛苦，侦查活动严重违法，依法排除了刘甲、刘乙、卢某某等犯罪嫌疑人在指定居所监视居住期间所作的有罪供述，并告知犯罪嫌疑人及其辩护人。

（五）自行补充侦查和退回补充侦查。非法证据排除后，在案其他证据能够证明刘甲、刘乙等人涉嫌犯罪，但部分事实不清、证据不足，需要进一步侦查取证。为此，检察机关在审查起诉阶段依法开展了自行补充侦查，重点围绕非法证据所涉及的案件事实，重新讯问了犯罪嫌疑人、询问了被害人，核实了各犯罪嫌疑人实施的犯罪行为及其在犯罪集团中的地位、作用，以亲历性审查确保案件事实认定客观准确。同时，就证明恶势力犯罪集团危害性特征等问题，将案件退回公安机关补充侦查，后公安机关补充收集固定证据50余份。

（六）监督结果。高新区人民检察院以涉嫌构成敲诈勒索、非法拘禁、诈骗、寻衅滋事罪，分别对刘甲、刘乙、卢某某等多人提起公诉，全案被告人均自愿认罪认罚。2020年10月30日，高新区人民法院一审判处刘甲、刘乙、卢某某等人有期徒刑十二年至十个月不等的刑罚，被告人均未上诉。对本案中发现的刑讯逼供犯罪线索，经检察机关立案侦查、提起公诉，2名侦查人员被依法追究刑事责任。

（七）建章立制。对于案件中发现的指定居所监视居住不合法、不规范等问题，经高新区人民检察院上报，江苏省人民检察院会同省公安厅开展了深入调研总结，于2021年7月联合制定了《关于适用指定居所监视居住的实施意见》，明确规定公安机关应当在宣布指定居所监视居住决定的24小时内向检察机关抄送相关文书材料；检察机关应及时对决定的合法性进行审查，加强对指定居所监视居住的检察监督；同时规定，指定居所监视居住期间应当保障被监视居住人的饮食和必要的休息等，规范适用有关措施。

【指导意义】

（一）加强对犯罪嫌疑人被指定居所监视居住期间侦查活动合法性的审查和监督。在审查案件中，要认真听取犯罪嫌疑人对侦查违法的控告意见，注意审查侦查人员的讯问时间、频次以及犯罪嫌疑人供述变化情况，全面了解戒具使用、人身安全检查、饮食休息保障等方面情况，必要时调取并审看同步录音录像。经调查审查发现侦查人员涉嫌刑讯逼供犯罪的，应当将有关线索材料按程序移送检察侦查部门，依法开展初查、侦查工作，全面核实相关情况。

（二）综合审查判断并依法排除非法证据。对于侦查人员采取殴打、违法使用戒具等暴力方法，或者以不保障必要饮食和必要休息时间等变相肉刑恶劣手段，造成受伤、患病等严重损害犯罪嫌疑人身体健康后果的，应当认为已达到犯罪嫌疑人难以忍受的痛苦程度；对于并未造成严重后果的，经综合审查侦查违法行为的方式、频次，对于长时间、频繁实施该类行为的，可以认为达到使犯罪嫌疑人遭受难以忍受痛苦的程度。基于上述情况而获取的有罪供述应当依法排除。

（三）围绕案件事实认定依法做好证据补充完善工作。排除非法证据后，有证据证明犯罪嫌疑人涉嫌犯罪但证据不够确实、充分，证据链条不完整的，检察机关可以退回公安机关补充侦查，明确提出补充侦查的方向和具体意见，并依法要求公安机关另行指派侦查人员重新进行侦查取证；必要时，也可以自行调查取证，以亲历性补充完善证据体系，确保案件事实认定客观准确。

【相关规定】

《中华人民共和国刑事诉讼法》（2018 年修正）第五十二条、第五十六条、第五十七条、第一百一十九条、第一百七十五条

《人民检察院刑事诉讼规则》（2019 年修订）第二条、第十三条、第六十六条、第六十七条、第六十八条、第七十二条、第七十三条、第七十四条、第七十五条、第三百四十一条、第三百四十二条、第五百六十七条

《最高人民法院、最高人民检察院、公安部、国家安全部、司法部关于办理刑事案件严格排除非法证据若干问题的规定》（法发〔2017〕15 号，2017 年 6 月 27 日起施行）第二条、第四条、第五条、第十七条

《最高人民法院关于建立健全防范刑事冤假错案工作机制的意见》（法发〔2013〕11 号，2013 年 10 月 9 日起施行）第八条

《公安机关办理刑事案件程序规定》（中华人民共和国公安部令第 127 号，2013 年 1 月 1 日起施行）第八条、第六十七条、第一百九十五条、第一百九十六条（现适用 2020 年修正后《公安机关办理刑事案件

程序规定》第八条、第七十一条、第二百条、第二百零一条)

办案检察院：江苏省泰州医药高新技术产业开发区人民检察院

承办检察官：陈融、田竞、马明明

案例撰稿人：田竞、薛洁、王民

付某盗窃侦查活动监督案

（检例第216号）

【关键词】

侦查活动监督　轻微刑事案件　认罪认罚自愿性审查　防范冤错案件

【要旨】

人民检察院在案件办理中应当严格履行审查监督职责，即使是犯罪嫌疑人认罪认罚的轻微刑事案件，也要加强对侦查活动合法性的监督和认罪认罚自愿性的审查。坚持证据裁判原则，避免因虚假认罪认罚导致冤错案件发生。发现犯罪嫌疑人无罪、罪轻证据线索的，应当坚持客观公正立场，自行或督促公安机关全面客观收集证据，综合审查认定案件事实。

【基本案情】

被不起诉人付某，男，2000年3月出生，无业。

2019年11月10日6时许，被害人时某某放在某快餐店收银台的一部手机被盗，价值1722元。四川省绵阳市公安局涪城区分局接被害人报案后，于当日以“时某某被盗窃案”立案侦查。经调取快餐店监控视频发现，一用餐男子在店内盗窃手机后进入附近一网吧上网至11时，登记身份信息为“付某”。

2020 年 5 月 8 日晚，付某在绵阳市一网吧被公安机关抓获，并在当日接受讯问时表示认罪认罚。5 月 9 日，付某因涉嫌盗窃罪被公安机关取保候审。6 月 15 日，公安机关以付某涉嫌盗窃罪向绵阳市涪城区人民检察院移送审查起诉。

【检察机关履职过程】

（一）线索发现。涪城区人民检察院在审查起诉时发现，在案有付某有罪供述、上网登记身份证信息、指认现场笔录等证据，证明付某有盗窃嫌疑。2020 年 6 月 22 日，涪城区人民检察院在对付某进行第一次讯问时，付某也表示认罪认罚，并于次日主动赔偿了被害人损失。但同时，在案证据也存在疑点，如案发现场监控视频中犯罪嫌疑人头戴帽子、面部特征不清晰，体型与付某存在一定差异；付某关于在案发快餐店购买的食物种类、所盗手机摆放位置以及是否处于充电状态等供述，与被害人陈述不一致等。此外，付某还在讯问后多次以电话形式向承办检察官了解被定罪处罚的法律后果，表现不同于一般的认罪认罚犯罪嫌疑人。

针对上述问题，涪城区人民检察院于 6 月 24 日再次讯问付某，在重新核实作案细节的同时，详细向其释明了盗窃犯罪的刑罚责任、认罪认罚的性质和法律后果。经释法说理，付某改变了原有罪供述，称其未实施盗窃行为，案发时自己不在案发城市，且曾经丢失过身份证；侦查阶段的有罪供述系在侦查人员称其不认罪将被关押，以及“事情不严重、赔钱就可以回家”的诱导下，按照侦查人员出示的快餐店监控视频供述了“盗窃”“销赃”的全部过程，有罪供述不真实，认罪认罚非自愿。综合在案证据，涪城区人民检察院认为付某认罪认罚的自愿性、真实性、合法性存疑，侦查人员可能存在未客观、全面收集、调取证明犯罪嫌疑人无罪证据的情形。

（二）调查核实。围绕问题线索，涪城区人民检察院组织开展了调查核实、督促取证工作。一是经询问本案侦查人员、查阅案卷材料、调取执法记录影像资料发现，该案侦查人员根据网吧登录的身份信息认定案件系付某所为，未采信付某所作无罪辩解，未依法全面收集调取证明犯罪嫌疑人无罪的证据。二是经查看案发现场监控视频，发现视频清晰度较差，不具备比对、辨认条件，而犯罪嫌疑人使用付某身份证件的网吧监控视频因时间久远已被覆盖无法调取，认定犯罪嫌疑人系付某的客观性证据仅有其身份证登录信息，未能形成完整的证据链条。三是针对付某的无罪辩解，公安机关按照检察机关补充相关证据材料的要求，调取了付某手机定位、骑行记录、其亲属及同事的证人证言，证实案发时段付某在眉山市，不在案发的绵阳市；调取了付某出行记录，通过大数据查询比对后证实案发前后付某无乘坐动车、火车、汽车等公共交通工具的出行记录；核查了户证办理系统，证实付某曾于 2016 年 10 月、2018 年 6 月两次因身份证丢失补换身份证。

（三）监督意见。综合调查核实情况以及其他在案证据材料，涪城区人民检察院查明，在案发时段内，付某不在案发城市，盗窃行为非其所为；公安机关仅以网吧登录身份信息认定付某为犯罪嫌疑人错误。2020 年 7 月 29 日，检察机关依法对付某作出不起诉决定，并要求公安机关对“时某某被盗窃案”继续侦查。8 月 6 日，就侦查人员未收集调取明显可以收集调取的无罪证据等怠于侦查行为，涪城区人民检察院向公安机关制发《纠正违法通知书》，同时将涉嫌失职的案件线索移送相关部门。

（四）监督结果。收到监督纠正意见后，公安机关书面回复了整改落实情况，对本案中存在的侦查活动违法问题启动倒查问责程序，依纪依规对涉案侦查人员作出处理。同时，为规范刑事案件内部监督审核机制，公安机关还专门制定了《刑事案件审核运行规程》。涪城区人民检察院也在总结本案办理经验基础上，制定了《认罪认罚案件证据细节审查制度》，细化对认罪认罚自愿性、真实性、合法性审查，加强和规范侦查活动监督，建立健全办理认罪认罚案件防错纠错机制。

【指导意义】

（一）办理犯罪嫌疑人认罪认罚的轻微刑事案件，应当加强对侦查活动合法性和认罪认罚真实性、自愿性、合法性的审查监督。特别是小额盗窃、危险驾驶等案件，要注重审查侦查取证过程中是否存在暴力、威胁、引诱等侦查违法情形，审查犯罪嫌疑人是否理解认罪认罚的性质和可能导致的法律后果等方面内容，防止出现违背意愿的认罪认罚。

（二）坚持证据裁判原则，强化对证据体系的审查与完善。加强对书证、物证等客观性证据与案件事实之间的关联性以及犯罪主体的同一性审查；重视言辞证据之间的细节差异，确保全案证据相互印证且形成完整的证据链条，做到事实清楚，证据确实、充分。对于犯罪嫌疑人作出的无罪、罪轻辩解，或者审查发现犯罪嫌疑人无罪、罪轻证据线索的，人民检察院应当坚持客观公正立场，通过自行补充侦查调取证据材料，或者督促公安机关继续侦查、补充侦查等方式，全面客观收集无罪、罪轻的证据。对侦查人员怠于侦查，未依法收集明显能够收集调取的无罪、罪轻证据的，应当依法提出纠正意见，涉嫌失职渎职的，应当依法移送相关线索。

【相关规定】

《中华人民共和国刑法》第二百六十四条

《中华人民共和国刑事诉讼法》（2018年修正）第十五条、第五十二条、第五十六条、第五十七条、第一百七十七条

《人民检察院刑事诉讼规则》（2019年修订）第七十二条、第二百七十一条、第三百六十五条、第五百五十一条、第五百五十二条、第五百五十三条、第五百六十七条

《最高人民法院、最高人民检察院、公安部、国家安全部、司法部关于适用认罪认罚从宽制度的指导意见》（高检发〔2019〕13号，2019年10月11日起施行）第三条、第二十八条

《公安机关办理刑事案件程序规定》（中华人民共和国公安部令第127号，2013年1月1日起施行）第一百八十七条（现适用2020年修正后《公安机关办理刑事案件程序规定》第一百九十一条）

办案检察院：四川省绵阳市涪城区人民检察院

承办检察官：杨霞、郑鸿燕

案例撰稿人：金海燕、熊妮娜、郑鸿燕

曾某甲等人故意伤害纠正遗漏同案犯罪嫌疑人侦查监督案

（检例第217号）

【关键词】

二审阶段侦查监督　纠正遗漏同案犯罪嫌疑人　另案处理　情况说明

【要旨】

人民检察院办理刑事案件，应当把履行侦查监督职责贯穿侦查、批捕、起诉、一审、二审等诉讼全过程。要对公安机关适用“另案处理”的情况加强审查监督，区分情形作出处理。发现“另案处理”的在逃犯罪嫌疑人线索的，及时移送并督促公安机关抓获犯罪嫌疑人，查清犯罪事实。对用于证明案件事实的证据，应当依法收集、固定，不得以《情况说明》替代。经审查发现公安机关以《情况说明》代替法定证据的，应当监督公安机关依法及时重新收集、固定。

【基本案情】

被告人曾某甲，男，1984年10月出生，送餐员。

被告人曾某乙，男，1987年2月出生，工人，系曾某甲胞弟。

被告人秦某某，绰号“阿俊”，男，1984年5月出生，工人，曾因犯聚众斗殴罪，被判处有期徒刑三年六个月，2011年1月5日刑满释放。

2011年6月22日中午，曾某乙因与同厂女工田某某发生冲突，与田某某的朋友邝某某等人产生纠纷。后曾某甲、曾某乙以解决纠纷为由，约邝某某等人于当晚18时许到某餐馆吃饭。同时，曾某乙将欲报复邝某某等人之事告知“阿俊”，并约“阿俊”等人到场。当晚，双方在餐馆发生口角。曾某甲、曾某乙、“阿俊”分别持“阿俊”携带的水果刀、铁棍捅刺、击打邝某某等人，致邝某某右肺破裂大失血死亡，其他2人轻伤。案发后，曾某甲、曾某乙、“阿俊”等人畏罪潜逃。

2011年6月23日，广东省惠州市公安局惠城区分局以“邝某某等被伤害案”进行立案侦查，并登记曾某甲、曾某乙、“阿俊”等人为在逃人员。2019年9月26日，惠城区公安分局将曾某甲、曾某乙2人抓获。12月11日，惠城区公安分局侦查终结，以曾某甲、曾某乙涉嫌故意伤害罪移送惠城区人民检察院审查起诉。经惠城区人民检察院报送，2020年2月5日，惠州市人民检察院以曾某甲、曾某乙构成故意伤害罪，向惠州市中级人民法院提起公诉。11月24日，惠州市中级人民法院判决曾某甲、曾某乙犯故意伤害罪，分别判处死刑缓期二年执行、有期徒刑十四年。曾某甲、曾某乙二人提出上诉。

【检察机关履职过程】

（一）线索发现。广东省人民检察院收到广东省高级人民法院移送案卷后，经审查案件材料、听取上诉理由，发现一审案件可能存在以下问题：一是遗漏同案犯罪嫌疑人。在案证据证明“阿俊”提供了作案工具、直接实施了伤害行为，应作为曾某甲、曾某乙故意伤害案同案犯追究刑事责任，而在案有曾某乙的书面举报等线索，能够帮助查明“阿俊”身份，但侦查阶段未对其有效开展侦查、抓捕工作，至审查起诉、一审判决中均认定“阿俊”为“在逃”“另案处理”。二是证据形式不合法、不规范。公安机关对作案工具去向、部分需要证人证言、被害人陈述证明的事实未以法定证据予以证明，而是简单以《情况说明》代替，不符合法定证据形式和取证要求。

（二）纠正遗漏同案犯。针对一审阶段遗漏同案犯问题，广东省人民检察院对曾某乙举报线索开展了调查核实。经提讯，曾某乙称虽不知“阿俊”真实姓名，但知道“阿俊”姓秦，籍贯贵州，从惠州监狱获释不久；同时，其在逃期间，还曾与“阿俊”胞弟“秦某兵”联系，并存有手机号码，有查明“阿俊”真实身份、抓捕到案可能。2021 年 4 月 21 日，广东省人民检察院将二审阶段发现的“阿俊”身份信息线索和其他证据材料移送公安机关，并建议公安机关及时查明“阿俊”真实身份、抓捕归案。5 月 17 日，公安机关经曾某乙辨认后，将“秦某某（阿俊）”抓捕归案。

（三）跟踪督促。秦某某归案后，辩称作案工具并非其提供且未实施伤害行为，与曾某乙等人供证存在明显矛盾。为查清案件事实，广东省人民检察院持续跟踪案件侦办情况，并派员就侦查取证提出意见。一是督促公安机关围绕涉案人员预谋商议、矛盾激化、斗殴过程以及作案工具来源、砍伤细节等方面补充完善了被告人供述、被害人陈述。二是督促公安机关补充完善现场勘验、死因鉴定等方面客观性、技术性证据。

（四）规范重新取证。针对公安机关以出具《情况说明》的方式，简单替代应当以讯问笔录、询问笔录、辨认笔录、现场勘验检查笔录等法定形式收集、固定证据的问题，广东省人民检察院对公安机关提出规范取证意见，要求严格依照法定程序重新收集、固定相关证据。按照检察机关意见，公安机关对一审卷宗中 40 余份“情况说明”所涉及的案件事实进行了重新侦查、取证，依照法定程序收集、固定、转化为符合庭审要求的合法证据。

（五）监督结果。经纠正遗漏同案犯、补充完善证据链条、依法转化证据形式，广东省人民检察院审查认为本案上诉理由不能成立。2021 年 8 月 24 日，广东省高级人民法院经二审开庭审理，认为曾某甲、曾某乙故意伤害一案原判决认定事实和适用法律正确、量刑适当，裁定驳回上诉、维持原判。2021 年 8 月 21 日，在广东省人民检察院指导下，惠州市人民检察院以秦某某犯故意伤害罪向惠州市中级人民法院提起公诉。10 月 29 日，惠州市中级人民法院判决被告人秦某某犯故意伤害罪，判处有期徒刑十年。秦某某上诉。2022 年 2 月 25 日，广东省高级人民法院驳回上诉、维持原判。

【指导意义】

（一）检察机关办理二审案件，应当持续履行对侦查活动的监督职责。检察机关的监督职责贯穿侦查、批捕、起诉、一审、二审等刑事诉讼全过程。办理二审案件，也要增强侦查监督意识、履行侦查监督职责，依法监督纠正侦查违法。发现遗漏罪行或者同案犯罪嫌疑人的，要依法建议公安机关侦查并提出侦查取证意见。

（二）对“另案处理”案件要加强跟踪监督，区分情形作出处理。检察机关在审查案件时，应当对公安机关适用“另案处理”的情形进行实质性审查。发现“另案处理”的在逃犯罪嫌疑人线索的，及时移送并督促公安机关抓获犯罪嫌疑人，查清犯罪事实。案件处于审查起诉阶段的，应当要求公安机关补充侦查或者补充移送起诉；二审阶段发现的，应当建议公安机关侦查。发现适用“另案处理”存在违法或者不当的，应当向公安机关提出书面纠正意见。发现属于犯罪嫌疑人长期在逃或者久侦不结的，可以适时发函催办。

（三）《情况说明》不能替代法定证据作为证据使用。检察机关在审查案件时，应当对公安机关出具的《情况说明》内容进行审查。经审查发现公安机关以《情况说明》代替法定证据，用于证明案件事实的，应当督促公安机关依法定程序、以法定形式重新收集、固定；以出具《情况说明》的方式，怠于行使侦查职责的，应当依法提出监督纠正意见。对案件发生后、诉讼活动中形成的事实、材料，在案件审查办理中确有必要进行说明的，如取证合法性、发破案经过、到案经过、抓获经过、退赃退赔情况等，可以使用《情况说明》。

【相关规定】

《中华人民共和国刑法》第二十五条、第二百三十四条

《中华人民共和国刑事诉讼法》（2018 年修正）第二百三十四条、第二百三十六条

《人民检察院刑事诉讼规则》（2019 年修订）第三百四十二条、第四百四十八条、第四百四十九条、第五百五十一条、第五百五十二条、第五百六十七条

《最高人民检察院、公安部关于规范刑事案件“另案处理”适用的指导意见》（高检会〔2014〕1 号，2014 年 3 月 6 日起施行）第三条、第五条、第六条、第十条、第十二条、第十四条

《最高人民检察院、公安部关于加强和规范补充侦查工作的指导意见》（高检会〔2020〕6 号，2020 年 3 月 27 日起施行）第六条、第七条、第八条、第十条、第十三条

办案检察院：广东省人民检察院

承办检察官：余响铃、严然

案例撰写人：余响铃

法答网精选答问

法答网精选答问（第七批至第九批）（节录）

问：刑法第二百八十条对伪造、变造、买卖国家机关公文、证件、印章罪，伪造公司、企业、事业单位、人民团体印章罪和伪造、变造、买卖身份证件罪没有明确规定入罪门槛，司法适用时应当如何具体把握入罪和升档量刑的问题？

答疑意见：刑法第二百八十条没有明确规定入罪门槛。但从实践来看，通常要求达到一定的情节才构成犯罪。主要考虑：一是妥当界分刑事处罚与行政处罚。例如，护照法第十八条规定："为他人提供伪造、变造的护照，或者出售护照的，依法追究刑事责任；尚不够刑事处罚的，由公安机关没收违法所得，处十日以上十五日以下拘留，并处二千元以上五千元以下罚款……"显然，对于伪造、买卖护照的行为，应当为行政处罚留有适当空间。对此，《浙江省公安机关行政处罚裁量基准》（2021 年修订）进一步规定，为他人提供二本以上伪造、变造的护照，或者出售二本以上护照，或者因同类违法行为被处罚后又实施的，处十五日拘留，并处三千元以上五千元以下罚款。二是符合司法实践的惯常做法。例如，《最高人民法院、最高人民检察院关于办理与盗窃、抢劫、诈骗、抢夺机动车相关刑事案件具体应用法律若干问题的解释》（法释〔2007〕11 号）第二条第一款对伪造、变造、买卖机动车行驶证、登记证书构成伪造、变造、买卖国家机关证件罪设置了"三本以上”的入罪门槛。

基于此，在相关司法解释明确入罪标准之前，可以参考《最高人民法院、最高人民检察院关于办理与盗窃、抢劫、诈骗、抢夺机动车相关刑事案件具体应用法律若干问题的解释》（法释〔2007〕11号）的相关规定，以三本（张/个）作为刑法第二百八十条所涉罪名的基本入罪门槛；需要升档量刑的，可以按照入罪门槛的五倍标准把握。当然，对于所涉行为，在决定是否追究刑事责任及如何裁量刑罚时，不仅应当考虑数量，还应当综合考虑所涉公文、证件、印章的重要程度、具体用途、造成后果、违法所得及前科情况等情节，综合评估社会危害性，坚持主客观相统一，确保罪责刑相适应。例如，明知他人实施犯罪而为其伪造、变造或者向其出售身份证件，或者为了实施犯罪而购买身份证件的，即使未达到三张，亦可以定罪处罚；相反，对于未用于犯罪用途的提供身份证件行为，根据案件具体情况，适用三张的入罪标准过严的，亦可以不作为犯罪处理，需要行政处罚的，依法移送相关部门处理。

另外，对于刑法第二百八十条之一规定的使用虚假身份证件、盗用身份证件罪的适用，亦可以参照上述原则依法对案件作出妥当处理。

咨询人：张波/重庆市高级人民法院刑一庭

答疑专家：宋颐阳/最高人民法院研究室刑事处

问：减肥产品中含有禁止添加的西药成分，案件如何定性？如何把握情节轻微和情节显著轻微？

答疑意见：关于减肥产品中检出禁止添加的西药成分的案件定性，不能一概而论，需要区分销售的产品是食品还是药品。减肥产品既包括减肥类保健食品，又包括减肥药品。如果涉案产品是食品（保健食品），则可以按照刑法第一百四十四条规定的生产、销售有毒、有害食品罪定性；如果涉案产品是药品，则可以按照刑法第一百四十一条规定的生产、销售、提供假药罪定性。

区分食品与药品的关键在于是否有“疾病预防、治疗功能”，表现为标签、说明书是否涉及疾病预防、治疗功能，是否规定有适应症或者功能主治。在具体案件中，一般可以通过产品审批文号、产品说明是否规定有适应症或功能主治、用法和用量等外观标识进行判断。如果产品标识不明，则可以通过经营者以何种名义对外宣传、销售涉案减肥产品进行判断。当产品标识与对外宣传一致时，可以直接按照标识来确定产品属性。当产品标识和对外宣传不一致或者标识不明确时，应当按照行为人对外宣传的产品性能并结合购买者购买、使用产品的目的来确定其属于食品还是药品。例如，《刑事审判参考》第 1531 号案例“钟某本销售有毒、有害食品案”中，涉案产品的属性无法通过审批文号、产品说明等外观标识来界定。钟某本以“壮阳补肾”名义销售产品，但没有对外宣传治疗功能及治疗效果，消费者是基于“性保健”而非治疗疾病的目的而购买、使用，因此，涉案产品应认定为保健食品。该案中，由于涉案保健食品经检测含有西地那非，故认定钟某本构成销售有毒、有害食品罪。

对于情节轻微和情节显著轻微的把握，实践中应结合行为人销售数量、销售金额、销售时间长短、是否曾因同类行为受过行政处罚或者刑事处罚等主客观情况进行综合认定。

咨询人：尹士强/山东省高级人民法院刑一庭

答疑专家：肖凤/最高人民法院刑一庭

问：非法狩猎罪中涉案野生动物价值如何认定？

答疑意见：非法狩猎罪中涉案野生动物的价值认定是司法实践中比较棘手的一个问题。对于国家重点保护的珍贵、濒危野生动物及其制品，其核算价值除考虑市场价值以外，更重要的是考虑物种的珍贵、濒危程度以及相关的生态功能、科研价值等。国务院野生动物保护主管部门颁布了《野生动物及其制品价值评估方法》《水生野生动物及其制品价值评估办法》，明确了野生动物整体的价值、制品的价值、人工繁育野生动物的价值以及卵、蛋的价值等价值标准和核算方法。对于国家重点保护的珍贵、濒危野生动物及其制品，适用这两个评估办法核算并无疑义。然而，非法狩猎罪的犯罪对象，实践中一般把握的是列入《有重要生态、科学、社会价值的陆生野生动物名录》中的“三有动物”（有重要生态、科学、社会价值的陆生野生动物）和地方重点保护的陆生野生动物。对于这些野生动物及其制品的价值，如果简单按照《野生动物及其制品价值评估方法》进行认定，就可能会出现评估价值过高的情形，如麻雀的评估价值为每只300元，而实践中交易价格一般在20元左右，相差近15倍。因此，对于非法狩猎罪的犯罪对象，即“三有动物”和地方重点保护的陆生野生动物，如一律按评估标准和方法核算，将导致价值普遍过高，从而实际降低了非法狩猎罪的入罪门槛，势必扩大刑事打击范围，难以实现罪责刑相适应，亦与社会公众的朴素公平正义观念不符。基于上述考虑，《最高人民法院、最高人民检察院关于办理破坏野生动物资源刑事案件适用法律若干问题的解释》（以下简称《解释》）第十五条明确了野生动物及其制品的价值认定规则。具体而言：第一项规定，对于国家禁止进出口的珍贵动物及其制品、国家重点保护的珍贵、濒危野生动物及其制品的价值，根据国务院野生动物保护主管部门制定的评估标准和方法核算。第二项规定，对于有重要生态、科学、社会价值的陆生野生动物、地方重点保护野生动物、其他野生动物及其制品的价值，根据销赃数额认定；无销赃数额、销赃数额难以查证或者根据销赃数额认定明显偏低的，根据市场价格核算，必要时，也可以参照相关评估标准和方法核算。此外，《解释》第十六条明确了破坏野生动物资源犯罪涉案动物及其制品价值难以确定时的处理规则，具体包括司法鉴定机构鉴定、价格认证机构认证或者有关部门出具报告等多种选择路径。综上所述，非法狩猎罪涉案野生动物的价值应依据《解释》第十五条、第十六条的规定进行认定。

咨询人：申春福/河南省高级人民法院环资庭

答疑专家：邹涛/最高人民法院环资庭

司法实务问题研究

未成年人严重不良行为处遇制度的完善

徐久生* 王梓蕲**

预防未成年人犯罪法将严重不良行为定义为“未成年人实施的有刑法规定、因不满法定刑事责任年龄不予刑事处罚的行为，以及严重危害社会的行为”，即严重不良行为同时包括治安违法行为与触犯刑法但由于责任阙如而不予以刑事处罚的行为。① 然而，将严重不良行为如此划分的做法并未受到学界的认可，有学者认为，应当将未成年人罪错行为进行三级分类，即“三分说”，包括不良行为、治安违法行为与触犯刑法行为。② 亦有学者提出“四分说”，即应将未成年人罪错行为四分化，分为不良行为、严重不良行为、触刑行为和犯罪行为。其中，严重不良行为系治安违法行为，触刑行为系触犯刑法但法益阙如的行为。③ 为使少年司法区别于治安管理处罚法及刑法等普通法，本文赞成姚建龙

* 作者单位：中国政法大学。

** 作者单位：中国政法大学中欧法学院。

① 参见姚建龙：《未成年人罪错“四分说”的考量与立场——兼评新修订〈预防未成年人犯罪法〉》，载《内蒙古社会科学》2021 年第 2 期。

② 参见宋英辉、苑宁宁：《未成年人罪错行为处置规律研究》，载《中国应用法学》2019 年第 2 期。

③ 参见姚建龙：《未成年人违警行为的提出与立法辨证》，载《中国法学》2022 年第 3 期。

教授将治安违法行为用“严重不良行为”予以代指的观点。因此，本文以下所称严重不良行为均表示治安违法行为，触刑行为均指触犯刑法但责任阙如行为。虽然对于未成年人罪错行为应当如何分级存在不同观点，但在应当将严重不良行为与触刑行为加以分离方面不存在争议。之所以要将罪错行为分级，是因为要对不同性质的行为采取不同的处遇措施。因此，本文将分析针对严重不良行为的处遇措施的现实困境，并提出未成年人严重不良行为处遇措施设置的可能发展路径。

一、现实困境：针对严重不良行为处遇措施的保护教育阙如与理论要求背离

严重不良行为，是指未成年人所实施的违反治安管理处罚法的行为的总称，其既包含违反治安管理处罚法应予以治安处罚的行为，同时也包含因责任年龄阙如或情节轻微而不予以治安处罚的行为。[①] 而针对该行为，现有处遇措施主要规定于预防未成年人犯罪法及治安管理处罚法中。前者主要包含责令严加管教、矫治教育及专门学校，后者主要包括警告、罚款、行政拘留。

（一）现有处遇措施无法实现保护教育的目的

根据未成年人保护法第四条与预防未成年人犯罪法第二条的规定，对罪错未成年人配置处遇措施时，必须同时兼备保护与教育，二者不可偏废，既不能过于倡导保护而忽略教育，也不能过于关注教育而缺失保护。

综观预防未成年人犯罪法第四十条至第四十七条，当未成年人实施严重不良行为后，公安机关接到举报或依职权发现时，可以责令父母对

① 参见姚建龙：《〈中华人民共和国预防未成年人犯罪法〉修订专家建议稿》，载《青少年犯罪问题》2020年第2期。

罪错未成年人严加管教，同时可以根据具体情况采取矫治教育措施。对于无力监管或监管无效的罪错未成年人，其父母或监护人可向行政部门进行申请，通过行政程序依法将该罪错未成年人送入专门学校，有特殊情形的，教育行政部门会同公安机关也可以决定将该罪错未成年人送入专门学校接受专门教育（专门学校申请+强制双轨制运行）。该过程看似完整却存在诸多问题。第一，责令严加管教不能实现教育目的。在实践中，“责令严加管教”的实施与针对不良行为的“督促行使监护职责”基本以相同的方式实现，对“不利于健康成长的行为”与“具有严重社会危害性的行为”进行基本相同方式的处遇无法达到有效教育的目的。第二，单纯的训诫同样无法实现教育目的。对实施严重不良行为的罪错未成年人加以训诫，实则与“责令严加管教”具有异曲同工之处，单纯的训诫后便“一放了之”的行为对于“惯犯”而言起不到威慑的作用，更难以起到有效教育作用。第三，“保护管束”与“专门学校”之间缺少“中间性”处遇措施，[①] 不利于实现对罪错未成年人的保护。专门学校学生在校时间一般为三个月以上，不超过三年。对于实施严重不良行为的罪错未成年人，若在采取“禁制令”或“监禁性处遇措施”之间进行选择，则不利于对实施“中间性质行为”的未成年人进行保护。第四，应然与实然存在差异。最高人民检察院第九检察厅调研数据显示，截至 2022 年 5 月，全国专门学校仅有 110 余所，[②] 在全国未成年人犯罪数量每年万余件的背景下，实施严重不良行为的未成年人数量更多。再加上职业要求严格导致师资力量有限，许多专门学校并未区分专门教育与专门矫治教育，无法有效落实规范要求。况且，专门学校的前身是工读学校，因此，许多家长会尽可能避免将自己的孩子送

① 参见姚建龙、丁明洋、毕琳等：《未成年人罪错行为保护处分处置制度构建探究——以南浔未检的实践探索为基础》，载《青少年犯罪问题》2021 年第 3 期。

② 参见马卫兵、陈雅儒、黄丽华：《罪错未成年人分级矫治公检履职模式研究——以专门教育—观护教育衔接模式为路径》，载《青少年犯罪问题》2024 年第 2 期。

入专门学校，以免造成交叉感染。由于社会对于专门教育存在认知偏差，即虽将工读学校更名为专门学校，但其标签性依然存在，罪错未成年人的保护（再社会化）无法得到有效保障。①

实践中，未成年人利用自身年龄“优势”频繁从事打架斗殴以及盗窃等违法行为，虽可对其作出行政处罚，但按照治安管理处罚法第十二条及第二十一条之规定可能导致实践中存在许多未成年人背负数十条行政处罚却无法对其进行教育矫治之无奈。这无疑增加了罪错未成年人“再犯”的“投机”心理。②

（二）现有处遇措施违反儿童利益最大化原则

2019 年 2 月，最高人民检察院发布的《2018—2022 年检察改革工作规划》指出，“探索建立罪错未成年人临界预防、家庭教育、分级处遇和保护处分制度”③。然而，目前对于临界预防的界限存在以严重不良行为为节点和以触刑行为为节点两种争论。由于临界预防的最大价值在于使罪错未成年人回归社会，④ 因此，哪怕将临界预防对象规定为触刑行为也会得出针对严重不良行为采取的处遇措施应当致力于罪错未成年人回归社会的结论。若要使罪错未成年人更好地回归社会生活，非干预性的处遇措施是必要的。尽管工读学校更名为专门学校，但依然摆脱不了其原有形象，即在大众内心之中其仍为专门针对罪错未成年人的机构。因此，专门学校仍然具有机构属性，在某种程度上属于干预性处遇措施。送入专门学校为除责令严加管教及矫治教育以外的“兜底”措

---

① 参见张寒玉、盛常红、孙鹏庆：《破解实践困境完善制度促进专门学校建设》，载《检察日报（理论版）》2023 年 8 月 25 日第 3 版。

② 参见王译：《罪错未成年人分级处遇规则的体系建构》，载《中国刑事法杂志》2022 年第 5 期。

③ 参见许身健：《低龄未成年人罪错行为的法律规制》，载《法学杂志》2023 年第 6 期。

④ 参见昌雯：《“教惩”：未成年人罪错行为处遇的理念优化与逻辑选择》，载《预防青少年犯罪研究》2024 年第 2 期。

施，若将无法管教的罪错未成年人均送入专门学校，最终只会阻碍未成年人回归正常的社会生活，违背儿童利益最大化原则。

二、本土展望：针对严重不良行为处遇措施的应然面向

为解决我国未成年人严重不良行为处遇制度存在的现实问题，笔者试图根据符合儿童利益最大化原则的保护主义理念（以教代罚）、去机构化理念（社区处遇）及福利司法理念（保护教育）提出有利于解决上述问题的措施。

（一）“责令严加管教”与“训诫”的附属程序设置

责令严加管教，是指公安机关对实施严重不良行为的罪错未成年人的父母或者其他监护人提出的，应当对该罪错未成年人加以管理与教育的要求。2020年，预防未成年人犯罪法将责令严加管教的实施主体从“家校合作”转化为父母和其他监护人的“单一主体”，该修改主要是对天生的亲情纽带下父母行为基于儿童利益最大化的考量。而在实践中，作为最常实施的处遇措施，责令严加管教正是因为实施主体的“疏忽”或“不能”，才使该项处遇措施未能发挥理想的作用。[①] 家长教育在针对实施不良行为的未成年人进行处遇时起到了主要作用，是因为不良行为只是不利于自身健康成长的行为，行为性质较轻。但对于具有“严重的社会危害”性质的严重不良行为而言，再采取同样的处遇措施似乎缺少有效性。因此，可细化责令严加管教的后续跟踪辅助程序，以免使软性条款沦为“空转”。

训诫，是指公安机关针对实施严重不良行为的罪错未成年人采取的，对其批评教育、告诫其行为的违法性与社会危害性，并责令改正的

① 参见张颖鸿：《论触法未成年人的处遇与管教》，载《青年探索》2020年第2期。

示警性处遇措施。[①] 单纯的训诫相较于责令严加管教仅增加了“示警性”的作用，倘若示警无用，则又会造成“一放了之”，从而无法实现教育目的。因此，后续跟踪辅助程序对实现教育目的起到了尤为重要的作用。

后续跟踪辅助程序可如此设置：公安机关训诫后，可将未成年人交付特派民警，在节假日期间，对未成年人进行品德教育，辅导其学业，并可以培训未成年人从事劳动服务，促进未成年人合理利用课余时间，养成学习劳动习惯和守法精神。当公安民警不能自行开展辅导活动时，可向所属公安机关申请交付于特定福利机构进行辅导，由该公安民警进行监督指导。

根据去机构化理念，可以学校和青少年社会文化教育事业单位为核心进行福利机构的选择。教育法第四十条规定，“国家、社会、家庭、学校及其他教育机构应当为有违法犯罪行为的未成年人接受教育创造条件”，这表明对实施严重不良行为的未成年人进行教育是学校的法定义务，具有履行义务的强制性，可有效避免公安民警与福利机构之间“踢皮球”的现象发生。此外，学校作为未成年人及家长普遍认可的机构，在假日期间去学校进行辅导可有效避免实施严重不良行为的罪错未成年人被贴上标签。况且，目前学校均聘请专门的心理老师，有助于罪错未成年人思想的矫正，符合儿童利益最大化原则。妇女联合会、青少年宫等单位以及有关青少年社会文化教育事业单位，具有结合实际，组织、举办多种形式的预防未成年人犯罪宣传教育活动的法定义务。[②] 在与学校所起的作用基本一致的情况下，令实施严重不良行为的罪错未成年人前往具有补习班性质的少年宫进行假日辅导似乎更有利于避免标

① 参见苑宁宁：《论未成年人犯罪三级预防模式的法律建构——以〈预防未成年人犯罪法〉的修订为视角》，载《预防青少年犯罪研究》2021年第2期。

② 参见预防未成年人犯罪法第二十四条、第二十六条。

签化。

（二）“中间性”处遇措施的增补

“中间性”处遇措施的设置除了能够弥补轻微非监禁性处遇与监禁性处遇之间的断层以外，还可以通过更换罪错未成年人的成长环境，促进矫治教育的实现及对行为性质深度恶化的预防。因此，对于“中间性”处遇措施的增补存在必要性与合理性。

我国有学者将“中间性”处遇措施称为观护处分，并将该措施的实施主体设定为志愿家庭、福利机构、公益机构、医疗机构、初级专门学校。[①] 毫无疑问，家庭是最好的观护场所。该考虑的问题是，志愿观护罪错未成年人的家庭数量与应受观护罪错未成年人的比例，以及志愿观护可能会产生的风险。详言之，大部分家庭均有自己的子女，因此，父母难免会担心自己的子女受到该罪错未成年人的影响，从而导致志愿观护家庭数量有限。将志愿观护的位次放在第一位，反而会成为本就对未成年人存在权利保障义务的福利机构相互推诿的理由。因此，本文认为应将重点放在儿童福利机构的设置与利用上。

《儿童福利机构管理办法》第四条第一款规定：“儿童福利机构应当坚持儿童利益最大化，依法保障儿童的生存权、发展权、受保护权、参与权等权利，不断提高儿童生活、医疗、康复和教育水平。”由此可见，儿童福利机构的法定义务是要以儿童利益最大化为原则，对不满十八岁的儿童进行保护教育。除此之外，儿童福利机构受到政府部门的直接监督与管理。因此，将儿童福利机构作为观护处分的主要部门既有利于有效实现保护教育，又因其去机构化而有利于避免标签化的结果发生。

① 参见姚建龙：《〈中华人民共和国预防未成年人犯罪法〉修订专家建议稿》，载《青少年犯罪问题》2020年第2期。

（三）专门学校的“分级与福利”双重转向

为有效实现针对实施触刑行为的罪错未成年人的矫治教育，现有针对专门学校的研究主要集中于对第三方评估机构的建立与运行机制的探索。[①] 对于实施严重不良行为的未成年人而言，目前迫切需要解决的是“杀鸡用牛刀”的问题。首先，尽管工读学校更名为专门学校后能够有效摆脱一定的标签性，但其本质上与工读学校并无差异，即其作为“问题少年治疗所”的机构性处遇性质仍未改变，不利于罪错未成年人回归社会；其次，由于设施建设落后、资源有限，将实施严重不良行为的罪错未成年人与实施触刑行为的罪错未成年人在同一场所处遇，可能造成“交叉感染”，从而培养一批新的“犯罪人”。因此，应当将专门学校进行“分级与福利”双重转向。

分级，是指应当将专门学校进行二级划分，分别针对实施严重不良行为与触刑行为的罪错未成年人；福利，是指将针对实施严重不良行为的罪错未成年人的处遇机构进行“福利化”，即由原本带有工读学校属性的机构转化为社会福利机构。虽然目前大力倡导专门学校的建设，但迫于现实困境，许多专门学校进行转型，即向普通学校或职业学校转变。[②] 因此，为兼顾“分级与福利”转向的目的以及资源的合理利用，可将现存的专门学校供实施触刑行为的罪错未成年人使用，将新建的专门学校供实施严重不良行为的罪错未成年人使用，从而避免因机构的“前身”给未成年人带来不利于其回归社会的“问题少年”之标签。对于后者，应当与前者在学校名称与处遇模式上加以区分，从而真正实现保护教育的目的。

---

① 参见宋英辉、钱文鑫：《我国罪错未成年人分级干预机制研究——以专门教育为核心抓手》，载《云南师范大学学报（哲学社会科学版）》2022年第6期；参见王春丽、邓翡斐、梁勇：《罪错未成年人保护处分制度的构建与完善》，载《犯罪研究》2021年第2期。

② 参见王春丽、邓翡斐、梁勇：《罪错未成年人保护处分制度的构建与完善》，载《犯罪研究》2021年第2期。

新类型疑难案例选评

周某危险作业案

虞小丹*

【裁判要旨】

有经营危险化学品资格的市场经营主体跨区域并改变经营方式经营危险化学品，且未超出许可的品种经营，该行为主要是逃避了主管单位对危险化学品的安全生产监督管理，侵害了公共安全，并不会造成危险化学品零售市场的混乱，不能定性为非法经营罪。

【案例索引】

一审：浙江省温州市瓯海区人民法院（2023）浙 0304 刑初 377 号

【基本案情】

公诉机关浙江省温州市瓯海区人民检察院。

被告人周某，系原温州市某达化工公司（以下简称某达公司）及温州市某阳化工有限公司（以下简称某阳公司）实际经营者。

* 作者单位：浙江省温州市瓯海区人民法院。

2017 年 9 月 29 日，周某以某达公司名义取得危险化学品经营许可证（有效期至 2020 年 9 月 28 日止，经营方式：无储存经营，经营场所：温州市经济技术开发区滨海××路××号）。2020 年 3 月 6 日，温州市应急管理局发布《关于做好疫情防控期间应急管理行政许可相关工作的通知》（以下简称《通知》），规定危险化学品经营许可证到期的，有效期自动顺延至疫情防控结束。2020 年 10 月至案发，周某租用温州市瓯海区某村储存、经营危险化学品。2021 年 9 月 28 日，某达公司在市场监督管理部门登记决议解散、注销。后周某以他人名义申请并于 2022 年 1 月 6 日在某达公司的原经营场所地成立某阳公司，同月 13 日取得危险化学品经营许可证（有效期至 2025 年 1 月 11 日止，经营方式：无储存经营）。其间，周某以某达公司名义从 2021 年 9 月 28 日至 2021 年 12 月 31 日经营甲缩醛等危险化学品。2022 年 1 月 6 日，周某位于温州市瓯海区某村的储存经营地被查获二甲苯等危险化学品共计 6000 多公斤。经危险性分析，该储存点储存条件不符合国家相关法律法规与技术标准的要求，存在重大安全隐患和重大火灾隐患，具有发生重大伤亡事故的现实危险。公诉机关以周某犯非法经营罪提起公诉，指控周某无证经营危险化学品金额共计 90 万余元，属于情节特别严重。

【审判】

浙江省温州市瓯海区人民法院审理认为：（1）由于疫情影响行政许可相关工作，温州市应急管理局于 2020 年 3 月发布《通知》，规定危险化学品经营许可证到期的，有效期自动顺延至疫情防控结束。根据《通知》应认定某达公司的许可证（登记有效期至 2020 年 9 月 28 日止）在注销前仍为有效。《危险化学品经营许可证管理办法》第十七条规定："已经取得经营许可证的企业，有下列情形之一的，应当按照本办法的规定重新申请办理经营许可证，并提交相关文件、资料：（一）不带有储存设施的经营企业变更其经营场所的；……（四）经营方式发生变化的；……”周某作为某达公司的实际经营者，本身属于在经营许可范围内经营危险化学品的市场经营主体，其未经重新申请办理经营许可证擅自变更经营场所和经营方式，虽然违反了上述行政规章，但不宜对其超地域和超方式经营情况认定为属于刑事意义上的“无证经营”而定性为非法经营罪，而应作为行政违法由相关主管单位进行处理。（2）周某辩解当时不知道许可证还有效，是因行政部门工作人员的误导而注销了某达公司并在同一地点申请成立某阳公司。某阳公司确实于 2022 年 1 月 6 日登记成立，该公司危险化学品经营许可证亦是于 2022 年 1 月 13 日获批，表明周某确实在注销后及时筹备成立新的公司并申请危险化学品经营许可证，故依现有证据，不能排除周某的相关辩解可能属实。同时，考虑周某在某达公司注销后，客观上无证经营时间较短，并及时获批新的许可，以及本案的发生与当时疫情防控期间的特殊背景、政策有关，故不宜认定周某具有非法经营的主观故意。综上所述，周某的行为不构成非法经营罪。

鉴于周某在经营作业中违反有关安全管理的规定，涉及安全生产的事项未经依法批准或者许可，擅自从事危险物品储存等高度危险的生产作业活动，具有发生重大伤亡事故的现实危险，其行为已构成危险作业罪。故判决被告人周某犯危险作业罪，判处有期徒刑九个月，缓刑一年。

判决后，被告人未提起上诉，公诉机关未提起抗诉，判决已生效。

［评析］

跨区域并改变经营方式经营危险化学品的行为不构成非法经营罪

非法经营罪的认定是当前理论和实践中都较为复杂的问题。刑法修正案（十一）增设危险作业罪后，关于无证经营危险化学品能否以非法经营罪论处的争议非常大。

持肯定观点者认为，刑法第二百二十五条非法经营罪第一项为“未经许可经营法律、行政法规规定的专营、专卖物品或者其他限制买卖的物品的”。国务院《危险化学品安全管理条例》第三十三条规定，国家对危险化学品经营实行许可制度。未经许可，任何单位和个人不得经营危险化学品。危险化学品因其可能危害公共安全之属性，属于国家严格管制之列，应属于限制买卖的物品。若行为人未违反准入许可，而在其经营过程中未经依法批准或许可从事其他涉及安全生产的活动，且具有发生重大伤亡事故或其他严重后果的现实危险的，则以危险作业罪论处；若违反了准入许可即未取得危险化学品经营许可证擅自经营，侵害了国家对特定物品的管理秩序，仍应继续以非法经营罪论处。

持否定观点者认为，许可证制度与专营专卖、限制买卖物品并不等同，而且《危险化学品安全管理条例》也只是明确规定了个人不得购买剧毒化学品和易制爆危险化学品，而不包括一般的危险化学品。《危险化学品安全管理条例》对危险化学品实行许可证制度是为了安全生产，违反该条例规定侵犯的法益主要不是市场许可秩序，而是公共安全。刑法规定了多项生产安全犯罪的罪名，已经形成了刑法规范体系，对无证经营危险化学品，应依据具体案情适用不同的危害公共安全类罪名。

无证经营危险化学品能否以非法经营罪论处尚且存有争议，具体到本案中，周某在某达公司注销前，属于在无储存经营许可期间跨区域进行有储存经营，能否纳入非法经营罪更应持慎重态度。《危险化学品安全管理条例》《危险化学品经营许可证管理办法》对这种行为没有规定相应的法律后果，而且从侵害法益来说，周某本身属于经营危险化学品的市场经营主体，也并未超出许可的品种经营，其行为主要是逃避了主管单位对危险化学品的安全生产监督管理，侵害了公共安全，并不会造成危险化学品零售市场的混乱。如定性为非法经营罪，对周某量刑五年以上，明显罪刑失衡。《最高人民法院关于被告人李某华非法经营请示一案的批复》（〔2011〕刑他字第21号）明确，对于持有烟草专卖零售许可证，多次实施批发业务，而且从非指定烟草专卖部门进货的行为，属于超范围和地域经营的情形，不宜按照非法经营罪处理。显而易见，超范围和地域经营烟草的行为对市场秩序的破坏明显高于跨地域并改变经营方式经营危险化学品的行为，举重以明轻，对周某在某达公司注销前的行为不宜认定为非法经营罪。对此，应作为行政违法由相关主管单位进行处理。另外，对于周某于某达公司注销后的行为，应当结合当时的政策背景、客观实际情况，对行为人的主观恶性作出准确判断。根据本案实质危害，对周某以危险作业罪进行定性处理，充分体现了刑法的谦抑性。

最新法律文件解读丛书

稿　约

最新法律文件解读丛书是一套以为最新法律规范提供同步“解读”为主的系列丛书，分为刑事、民事、商事、行政与执行4个分册，按月出版。

本丛书以“解读”为重点，突出全、专、新、快、准等特点，通过对最新出台的法律、法规、司法解释、部门规章以及重要地方性法规进行同步动态解读，弥补了法律、法规、司法解释汇编类出版物没有同步阐释、解读内容的不足，为广大读者学习理解最新法律规范，正确贯彻执行法律文件，及时解决实践中的新情况、新问题，提供一个全方位、多层面的法律信息平台。

欢迎您向以下栏目赐稿：

【最新法律文件解读】主要是对最新颁行的法律文件进行解读，帮助司法和执法人员正确理解法律文件的立法背景、意义、重点内容、在适用中应注意的问题、与相关法律文件的衔接与互动关系等。

【司法实务问题研究】主要刊登对司法理论、实务及司法管理工作中的热点、疑难问题进行研究及评论的文章。

【新类型疑难案例选评】主要是对司法和行政执法实践中具有典型性和代表性的疑难案例，结合具体案情以及审理或处理结果进行简练精辟的点评，解析认识问题的方法、处理问题的法律依据和在个案中的具体适用。

【法学前沿与新视点】以摘要的形式刊登相关法学理论研究的最新动态及具有代表性和典型性的前沿问题，扩展法学研究的深度和广度。

【法律适用问题解答】主要针对司法和行政执法实践中面临的新问题、热点问题、疑难问题进行简要的解答，指出涉及的法律关系，明确法律适用依据。

稿件一经刊用即付稿酬，稿酬从优。

《刑事法律文件解读》　周　敏　邮箱：xingshijiedu@163.com
《民事法律文件解读》　杨　洁　邮箱：1216921515@qq.com
《商事法律文件解读》　路建华　邮箱：shangshijiedu@126.com
《行政与执行法律文件解读》　丁塞峨　邮箱：1290312696@qq.com

人民法院出版社
最新法律文件解读丛书编辑部